上海市进一步加快中医药传承创新发展三年行动计划（2021－2023 年）
（项目编号：ZY(2021－2023)－0105）资助项目

U0124745

太极健康

太极拳

总策划　龚博敏

总主编　陆松廷

主　编　王　宾　徐划萍

上海交通大学出版社
SHANGHAI JIAO TONG UNIVERSITY PRESS

内容提要

　　本书是太极健康系列科普读本(《太极拳》《八段锦》《五禽戏》《易筋经》等)之一。该套科普读本旨在通过普及优秀传统体育运动,弘扬中华养生文化,同时结合现代人群的健康需求,打造中国健康文化的象征性标志。太极拳属于以自我调摄为主的主动类太极健康技法,通过调身、调心、调息,使习练者达到身、心、灵的和谐健康。本书以图文并茂的形式介绍太极拳的基本理论知识和基本套路技法,动作的示范者为全国大学生武术比赛冠军。本书适合在校学生及太极拳爱好者学习使用。

图书在版编目(CIP)数据

　　太极拳 / 王宾,徐划萍主编. —上海:上海交通
大学出版社,2023.9
　　(太极健康 / 陆松廷总主编)
　　ISBN 978-7-313-29094-6

　　Ⅰ.①太… Ⅱ.①王… ②徐… Ⅲ.①太极拳—基本
知识 Ⅳ.①G852.11

　　中国国家版本馆CIP数据核字(2023)第151727号

太极拳
TAIJIQUAN

主　　编：王　宾　徐划萍
出版发行：上海交通大学出版社　　　　　　　地　　址：上海市番禺路951号
邮政编码：200030　　　　　　　　　　　　　电　　话：021-64071208
印　　制：上海颛辉印刷厂有限公司　　　　　经　　销：全国新华书店
开　　本：710mm×1000mm　1/16　　　　　　印　　张：13
字　　数：167千字
版　　次：2023年9月第1版　　　　　　　　　印　　次：2023年9月第1次印刷
书　　号：ISBN 978-7-313-29094-6
定　　价：68.00元

编委会

前　言

　　"太极健康"是指在太极理论的指导下,运用太极拳、导引术、中药、针灸、推拿、气功、参悟等方法,调节人体生理与心理,培养道德情操,以期达到身体与心理、个体与群体、自我与社会,乃至人与自然界之间和谐平衡的健康状态。"太极健康"是当代中医药界、气功养生界提出的一个全新理念,该理念主张现代人自觉运用传统太极哲学的智慧,充分发挥气道文化与各类养生技术的优势,积极寻求能够帮助自己身心健康、幸福生活的个体化方案。"太极健康"是中国传统文化向当代世界贡献的关乎个人身心健康,以及人与周围环境和谐相处的理论模式与技术方法。它关注的是身心健康与人类福祉,是将个人的健康追求融入与大环境的和谐相处之中,非常契合可持续发展的理念,是关于每一个人健康与福祉的现代阐述。

　　作为中华传统文化经典代表和太极文化的直观载体,太极拳完美呈现了太极阴阳哲学,用悠久的中华文化智慧朴素地说明了宇宙自然的运行之道,客观显示了世间万象的演化原理,生动阐释了和谐共生的社会真谛。太极拳深受全世界人民的喜爱,它有丰富的哲理,独特的运动形式,深邃的文化底蕴,显著的健身效果,吸引着国内外越来越多的习练者。但太极拳并非老年人的专利,儿童、青少年处于生长发育的黄金时期,习练太极拳可以发展柔韧性、协调性和平衡能力,提升专注力和感觉统合能力。同时,太极拳讲究静心和内省,长期习练太极拳,有助于青少年克服急躁、冲动的性格,培养沉着冷静、坚强耐心的意志品质。太极拳承载了中华民族的基本精神内涵,习练太极拳有助于儿童、青少年尽早了解中华优秀传统文化,树立文化自信。本书是我们在"太极健康"理念下编撰的科普读本,以图文并茂的形式介绍太极拳的基本理论知识与基本套路技法,希望对太极拳的推广传播起到一定的推动作用,为健康中国、体育强国、教育强国、中医药振兴发展等国家战略尽绵薄之力。

在编写过程中,感谢各界朋友给予的关心和帮助。尽管我们尽了最大努力,但书中难免有不妥之处,恳请广大爱好者批评指正。

太极健康·太极拳编委会

目　　录

第一章　太极的奥秘

第一节　什么是太极

一、太极的含义

顾名思义，"太极"即极端、顶点或原始之意，也可以说是"开天辟地""至高无上""深不可测""广阔无垠""无边无际"……不过中国历代的道学家、理学家和史学家都将"太极"纳入哲学范畴，赋予其诸多不同释义。

有关太极学说的专著中，最先提出"太极"一词的是《庄子·大宗师》："夫道……在太极之先而不为高，在六极之下而不为深……"《周易》最先提出"太极"一词的含义，意为"混沌初开"时的天地。所谓"元气未分，混沌为一""洞同天地，混沌为朴，未造而成物，谓之太一""易有太极，是生两仪，两仪生四象，四象生八卦，八卦定吉凶，吉凶生大业。"两仪，即天地，天地即阴阳。王宗岳的《太极拳论》亦开宗明义说："太极者，无极而生，动静之机，阴阳之母也。"故太极拳是以太极学说为理论指导的拳术。

"太极"实质上是一种哲学上的概念名词，具体到人体或事物的内外关系和内在联系，在应用上对应的是对立统一的阴阳学说。"太极"一般被用来描述宇宙自"无极"而"太极"乃至化生万物的中间状态，即老子所说的"有物混成，先天地生，寂兮寥兮，独立而不改，周行而不殆"。"太极"即是这种天地未开、阴阳未分，"可以为天地母"的先天境界。先天太极与后天阴阳之间的辩证统一关系，构成了中国传统文化中独特的生命健康观。

中国历代著名易学家认为宇宙万物原本从无极生太极开始，逐渐繁衍派生，可以说这是唯物辩证观的雏形或萌芽。近代以来，随着太极拳、气功等在世界范围内的兴起与传播，"太极"成为代表中华文化思想精髓的象征符号之一，也将逐渐走向世界。

二、太极图

现今见到的太极图——外圆，内为对称的双曲圆弧，黑白参半，简朴鲜明（见图1-1），是产生于中国，历经千百年来，被逐渐增加思想内容和赋予新的含义，又经不断修改、美化和完善，而后得到世人公认，代表诸多天象与哲理的一种图形。

（一）太极图的起源

据《周易·系辞传》载，太极图最早出现于黄河、洛水之地。伏羲氏发现了刻在玉石上的古太极图，可能就是《道藏》第196册《上方大洞真元妙经》中的《太极先天之图》（见图1-2）。后来经北宋陈抟，篆刻在华山石壁上，称为《无极图》（见图1-3）。但从《宋史·陈抟传》中找不到刻《太极先天之图》或《无极图》之记载。因此，作为信史，犹感不足。

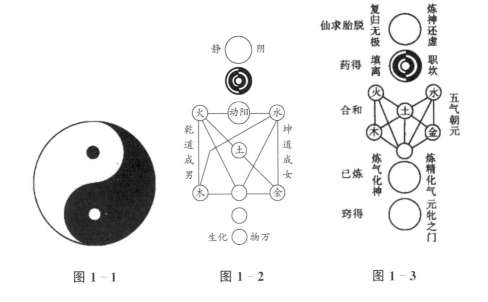

图 1－1　　　　　图 1－2　　　　　图 1－3

据《汉上易解》载:"陈抟以《先天图》传种放,放传穆修,修传李之才,之才传邵雍……穆修以《太极图》传周敦颐。"这段文字说明:①太极图从东汉末年道学家魏伯阳始,经过若干传,到北宋周敦颐,已近千年之遥。②传播的途径不止一条,传接的人员也较多。最后落脚到邵雍和周敦颐。③可能这就是清代史学家黄宗炎的论点:周敦颐的《太极图》源于陈抟,而陈抟又源于道教的《上方大洞真元妙经》,以及陈抟刻壁等的依据。黄宗炎《太极图说辩》:"太极图者,创于河上公,传自陈图南,名为《无极图》,乃方士修炼之术……周茂叔得之,更为《太极图说》。"

(二) 太极图的含义

太极图的发展经历了很多不同的时期,现在我们所见的黑白参半、对称划分、圆滑过渡及图像中的小小黑白圆点,则是后世人们和易学家、道学家,当具备了画图技巧和画圆的圆规工具之后,多加修饰添上的。可能是予以昼极(正午)转夜(夜的开始),夜极(子夜)转昼(昼的开始),圆转不息,寓宇宙为太极,永恒归一的含义,并命名为太极图。图片中的黑白两个小圆点则代表白昼的火红太阳和黑夜的银白月亮。同时也表明阳中含阴、阴中含阳的意思,即"万物负阴而抱阳"。

三、太极图与道家养生术

太极图的前身是被道家用作炼丹而特定的丹结标志图,在图中我们可以看到修炼内丹的内容和程序,所以它与道家有不解之缘,渊源深远。

道家养生术的吐纳,倡导腹式呼吸,要求气沉丹田,修炼内丹田的浑元正气等。结合太极图便可清楚看到吸气和呼气运动变化的全过程。这一过程在太极图中清晰巧妙地表现自如:它各以半边示出,黑色半部表示"呼气",对于人体而言,即腹部鼓荡,横膈肌(膜)上升。这一"静"(静和动是相对而言的,实际也是动)态,使腹内膨"虚"(阴),并在肚脐下方呈现宽宏的"田"字形象(气沉丹田,这一现象是表现在人体的)。与此相反,白色半部表示"吸气",腹部收缩,横膈肌(膜)下降。这一"动"态,使腹内贴"实"(阳)。而太极图中的两个黑白小点,即代表肚脐。

不难看出,上述道家养生术吐纳的动静转换、虚实互易、阴阳更替等的对应变化,是与太极图的形象和含义十分吻合的。同时也是符合"阳动阴静"和中国哲学的传统观点。因此我们可以说,太极图就是道家养生术中练习内丹功法的缩影,也是象征性的标志。

第二节　太极健康理念的内涵

一、何谓太极健康

"太极健康"是指在太极理论的指导下,运用太极拳、导引术、中药、针灸、推拿、气功、参悟等方法,调节人体生理与心理,培养道德情操,以期达到身体与心理、个体与群体、自我与社会,乃至人与自然界之间和谐平衡的健康状态。"太极健康"是当代中医药界、气功养生界提出的一个全新理念,该理念主张现代人自觉运用传统太极哲学的智慧,充分发挥气道文化与各类养生技术的优势,积极寻求能够帮助自己身心健康、幸福生活的个体化方案。太极健康是中国传统文化向当代世界贡献的关乎个人身心健康,以及人与周围环境和谐相处的理论模式与技术方法。

在传统的太极文化中,我们运用太极、气、阴阳、五行等相关理论与学说,并将其结合到具体的医疗健康、养生保健、心性提升之中,演化出各种技术与方法。对于人类健康,太极思维更加注重整体观和"天人合一"。它强调的是人自身的身心和谐,人与社会的和谐,以及人与自然的和谐相处。先天之太极和后天之阴阳的辩证统一,构成了太极健康的生命观。太极健康的基本理念与当今世界卫生组织倡导的健康理念是不谋而合的。

二、太极健康的核心内容

太极健康不仅仅是理念,还包含非常丰富的太极健康技法。构成太极健康核心内容的是太极健康技法,它是保证太极健康落地的关键。所谓太极健康技法是指在太极理论的指导下,通过调形、炼精、化气、宁神等手段,达到身、心、灵之间的和谐健康,寻求人与人、人与社会、人与自然环境的和谐,并进一步探索生命本质与生生大道的修炼技法。

太极健康技法包括主动类与被动类两大类,前者适合自己锻炼,后者适合医生施治:

(1)主动类太极健康技法,即以自我锻炼、自我调摄为主的技法,如太极拳、导引术等;

(2)被动类太极健康技法,即以他人对自己进行针药治疗、调理为主的技法,如中药、针灸、推拿等。

"太极健康"的理念源自中国传统文化,它的许多核心技术在国内具有非常好的群众基础与推广条件。然而在国际上,大家对太极健康的理念与技法还是相对陌生的。基于中外历史文化与现实需求的差异,我们建议因地制宜地开展多形式、多文化的推广模式,如创立"太极健康中心"的各国推广模式,在海外"太极健康中心"教授、传播太极健康理念与技法。

三、为什么要在当代提出太极健康的理念

今天的人类社会,至少面临着健康卫生领域的四个重大转变:人类的疾病谱发生了重大改变,老龄化社会的到来,医疗费用的不断膨胀和现代医学模式面临的困境。大健康是当前人类社会共同追求的一个方向,全世界各国、各民族人民对健康问题越来越关注。世界卫生组织提出了有关健康的新概念:"所谓健康就是在身体上、精神上、社会适应上完全处于良好的状态,而不是单纯地指疾病或病弱。"

现代健康理念不仅涉及人的生理、心理层面,而且涉及社会道德方面的问题。生理健康、心理健康、道德健康三个方面共同构成现代健康的整体理念。生理健康是指人的身体能够抵御一般性感冒和传染病,体重适中,体形匀称,眼睛明亮,头发有光泽,肌肉皮肤有弹性,睡眠良好等。心理健康是指人在精神情绪和意识方面的良好状态,包括智力发育正常,情绪稳定乐观,意志坚强,行为规范协调,精力充沛,应变能力较强,能适应环境,能从容不迫地应对日常生活和工作的压力,能经常保持充沛的精力,乐于承担责任,人际关系协调,心理年龄与生理年龄相一致,能面向未来。心理健康与生理健康同样重要。根据西医学的检测,良好的心态能促进人体分泌出更多有益的激素,能增强机体的抗病能力,促进人体健康长寿。道德健康也是现代健康理念中的一项内容,主

要指能够按照社会道德行为规范约束自己，并支配自己的思想和行为，有辨别真与伪、善与恶、美与丑、荣与辱的是非观念和能力。把道德纳入健康范畴是有科学依据的，现代医学研究发现：有违于社会道德准则，胡作非为，会导致紧张、恐惧等不良心态，有损健康，如贪污受贿的人易患癌症、脑出血、心脏病和神经过敏症，而品行善良、心态淡泊、为人正直、心胸坦荡，则更容易内心平衡，有助于身心健康。

太极拳与中医药均关注生命全周期、健康全过程的文化。在疾病预防中，倡导"治未病"；在治疗时，通过"望闻问切"，提出个性化的治疗方案；在健康促进方面，更是强调顺应自然、练养相兼、形神合一，达到防病减痛、增进健康、延年益寿的目的；在技术方法上，有太极拳、导引、气功、按跷、针砭、药石、食疗、情志调摄等多种手段，其核心理念是太极思维和阴阳学说。

作为东方古老文明的中国，不仅拥有博大精深的儒、释、道三教文化，而且孕育出光辉灿烂的中医药文化，其医药理论与养生实践独树一帜。太极拳、导引、气功、按跷、针砭、药石、食疗、情志调摄，在中华民族的繁衍生息中发挥过重要作用。我们应该进一步整合文化优势与技术特长，将中华养生文化与人类健康需求有机结合，推出中国健康文化的象征性标志，让优秀的中华文化遗产造福世界各族人民。太极健康是中国传统文化向当代世界贡献的一种关于健康的理念，包括人与周围环境和谐相处的技巧与方法。太极健康的外延可以涉及现代医学关于健康概念的三个层面：即生理健康、心理健康、道德健康。它关注的是身心健康与人类福祉，是将个人的健康追求融入与大环境的和谐相处之中，非常契合可持续发展的理念，是关于每一个人健康与福祉的现代阐述。

第三节　太极拳的由来和五大流派

一、太极拳的起源

太极拳是中国武术的一个重要流派,是以中国传统儒、道哲学中的太极、阴阳辩证理念为核心思想,集怡养性情、强身健体、技击对抗等多种功能于一体,结合易学的阴阳五行变化、中医经络学、古代的导引术和吐纳术而形成的一种内外兼修、柔和、缓慢、轻灵、刚柔相济的中国传统拳术。太极拳作为具有东方文化特色的健身方法,其蕴含的文化内涵和哲理源远流长。最初的太极拳有很多名称,有的叫"十三势"(指主要的八法五步),有的叫"长拳"(指套路很长,滔滔不绝),还有"软拳""柔拳""沾绵拳"等名称。直到民国初年发现了清代民间武术家王宗岳写的《太极拳论》一文,太极拳的名称才正式确定下来。王宗岳以太极阴阳学说命名太极拳,主要表明这种拳法理通天地,天人合一;也表示太极拳充满变化,虚实莫测,刚柔相济,无比奇妙。

关于太极拳的起源,没有定论。有人说是宋代张三丰所创,有人认为是梁时韩拱月、程灵洗等所创,也有的说是唐朝许宣平或李道子所传,还有人认为是元代辽阳人张三峰所创立,目前均未见确切的史料记载。曾有历史学者唐豪考证,太极拳最早传习于河南温县陈家沟,为陈王廷所创。《陈氏家谱》中说,王廷又名奏庭,"明末武庠生,清初文庠生,在山东称名手……陈氏拳手刀枪创始人也"。其遗词有"到而今,年老残喘,只落得《黄庭》一卷随身伴,闷来时造拳,忙来时耕田,趁余闲,教下些弟子儿孙,成龙成虎任方便"。陈王廷文武兼备,谙熟黄老之学,他在练武实践中结合古代导引吐纳术和古典哲学著作《易经》中的阴阳学说及中医经络理论,综合了明代各家拳法,特别是吸取了戚继光的32式长拳,博采众家之长,创编了太极拳、器械及对练套路。总之,关于太极拳的起源,众说不一,这里不再讨论。

二、太极拳的发展

(一) 太极拳发展的无形时期

太极拳是中国武术发展历程中诞生的一个拳种。在其脱胎成形之前,所构成的太极拳的武技基因、哲理基因、养生基因三大主要成分,都已在漫长的历史长河中发展成了中华民族传统文化的组成部分。例如,构成太极拳的武技基因——攻防动作素材,早于先秦时已成体系,又经两千多年发展成完善的武术拳械技法。构成太极拳的哲理基因——太极理论,源自先秦时《周易·系辞》中的"易有太极,是生两仪",是经宋代周敦颐《太极图说》和道家太极图说发展起来的太极说。构成太极拳的养生基因——导引和吐纳法,源自先秦文献中记载的养气、养形术,是经医家的"五禽戏"、道家的"性命双修"、拳家的"易筋经"等养生强身法发展起来的导引吐纳方法。太极拳是融合这些基因于一体而形成的,离开了其中任何一种,都不可能形成太极拳。

(二) 太极拳发展的成形时期

明末清初时期是太极拳发展的成形时期。明洪武七年从山西洪洞迁至河南温县陈家沟的陈氏一族,精习武术。传八世到了明崇祯至清康熙年间时,第九世的陈王廷文武兼备。当时,经明代戚继光和程冲斗等著名武术家规范提倡的武术套路运动形式已经成为各家拳法传播的重要形式,并且出现了将导引和吐纳术渗入武术锻炼的趋势。少林寺武僧也于此时开始练习"易筋经"等强身功法,出现了"始有内外交修之旨,身心两修之功"的少林拳体系。

陈王廷于晚年着手创编拳架。据《陈氏拳械谱》,陈王廷所创编拳架共7套,包括有太极拳(一名十三势)五路、长拳一百八势一路、炮捶一路。

在陈王廷所造拳架中,有二十九势同于戚继光综合古今十六家拳法编成的《拳经》三十二势拳套。此外,在《陈氏拳械谱》中,还有"红拳""盘罗棒"等谱,以及"古刹登出少林寺"这样的词语。陈王廷所创编的拳架注重动作与呼吸协调。因此,尽管套路中有些要求爆发劲力和架势低伏而曲折的动作,但练习者仍然能在运动量逐步加大的整个锻炼过程中,面不涨红、气不涌喘。这样的运动,不仅是肌肉和骨节的活动,也增加了内脏的锻炼,这是陈王廷将古代导引吐纳法融入拳架而出现的锻炼特点。从陈王廷遗词中有"《黄庭》一卷随身伴"来看,早期太极拳结合的导引吐纳术,主要取自道家的《黄庭经》。

陈王廷还综合了擒、拿、跌、掷打等技巧,研创出双人推手锻炼法。这种练习形式是两人手臂互靠,粘贴缠绕进行攻防练习。初期的太极拳推手法,虽然抛弃了硬打猛踢等容易重创对手的方法,但仍注重提高攻防能力,技击性很强,对发展体力、耐力、速度、灵敏性和技巧都有相当大的价值。陈王廷还依据两人推手法,研创出了两人粘枪(杆)练习法。这两种对抗训练法,都因以"粘缠"为特点,能有效地训练周身皮肤触觉,提高反应速度,并且能在不用护具的情况下进行技击方法的练习。陈王廷遗留下的文论不多,颇具研究价值的是两首诗词。一首是记述其人生经历的《长短句》,另一首则是指导太极拳练习的拳论《拳经总歌》。

(三) 太极拳发展的成熟时期

太极拳就其起源时本身的技术本质特性而言,是一种技击术。从王宗岳先生的《太极拳论》中可以看出,早期太极拳的习练多以技击对抗为目的。而在太极拳发展并历经百年之后,由于武技兵器演进,拳技之勇在战场上的作用缩小,促使近代武术家重新考虑练习太极拳的目的和发展方向问题,于是在强调"因敌变化示神奇"的同时,提出了"详推用意终何在?益寿延年不老春"的目的,隐约地透露出了内含的中国道教文化与典型的养生思想。

1. 太极拳从技击走向健身

清朝道光与咸丰年间,陈氏太极拳传人陈有本去掉陈氏太极拳老架中的某些有难度的动作编成陈氏新架太极拳。陈青萍又创编了小巧紧凑、动作缓慢的赵堡太极拳拳架和缠绕中突然发劲、快速而猛烈的忽雷太极拳拳架。杨露禅出任京师旗营武术教师时,为了适应清朝"王体不动"的显贵达官和体弱年迈者的体质状况,满足人们保健养生的需要,同时为了扩大传习人群范围,特意删改陈氏老架中的发劲、跳跃和难度较大的动作,创编了一套架势宽舒、动作圆润的"绵拳"套路。在这一时期,太极拳开始传向社会各阶层的民众,拉开了太极拳在中国全社会传播的序幕,太极拳的健身发展指向更加明确了。另外,关于太极拳的文论开始增多,习练者的实践经验不断被上升为理论高度。以李亦畬为代表编订的《太极拳谱》不仅明确以"太极"命名这一拳种,而且把太极理论融入拳术技法,如《太极拳谱》和《十三势解》以"太极两仪"论支撑阐述,《长拳解》以"五行八卦"论支撑阐述。这些文论成为后世指导太极拳练习的经典。

2. 太极拳实践与理论大发展

进入 20 世纪后,太极拳在全国各地日益兴盛,如流传较广的陈氏太极拳、杨氏太极拳,还有武氏太极拳、吴氏太极拳、孙氏太极拳、李氏太极拳、和氏太极拳等。至此,太极拳大家庭出现分支迅速、流派繁衍的兴旺景象。在这一历程中,承载太极拳理论的文论也从传抄太极拳谱手抄本、油印本,到出现多种的编谱本。其中李亦畬编订的《太极拳谱》被奉为经典,被多家谱本摘录或改编引用。陈鑫著的《陈氏太极拳图说》,也因系统地整理陈氏太极拳的技法和理论,受到太极拳界的推崇。此外还有不少太极拳家的练拳体会也以文字形式出现,一起推动了太极拳运动的发展。

（四）太极拳发展的繁衍时期

在太极拳拳技方面，由杨露禅编传的"绵拳架"，经其子杨健侯和其孙杨澄甫修润定型为后世广为流传的杨氏太极拳套路。民国初年永年人李亦畲之徒郝为真，至北京传授武禹襄创编的武氏太极拳。河北完县（今为顺平县）人孙禄堂得郝为真真传后，以武氏太极拳为基础，融会形意拳和八卦掌技法，创编成孙氏太极拳。河北大兴（今划归北京市）人吴鉴泉，于 1921 年受聘入北京体育研究社执教后，将师承其父全佑的杨氏拳架，进行删繁就简、突出轻柔的整理，创编成吴氏太极拳。1928 年，陈长兴的曾孙陈发科到北京设教，传授陈氏老架太极拳。此外，1928 年，年已 66 岁的和兆元长孙和庆喜开山授徒，其弟子郑伯英和郑悟清迁居西安致力传拳，开辟了"和氏太极拳"在西北传播的基础。

（五）太极拳从规范化向多样化发展的时期

1949 年后，中国国内很快迎来政局稳定与经济发展，人民的文化生活日益繁荣。太极拳进入了从规范化向多样化发展的时期，迎来了社会化和国际化发展的大好局面。中国共产党和中国政府十分重视太极拳的发展，1952 年 6 月，毛泽东为中华全国体育总会第二届代表大会题词："发展体育运动，增强人民体质"，并在 1960 年号召"凡能做到的，都要提倡。做体操、打球类、跑跑步、爬山游水、打太极拳及各种各色的体育运动"，为太极拳的发展给予了舆论支持。从此以后，太极拳随着中国体育的整体发展，得到了国家政策的支持，开始迅速发展。

1. 创编国家规定太极拳套路

1953 年 11 月，全国民族形式体育表演和竞赛大会在天津举行，包括太极拳在内的武术成为大会的主要内容，这是中华人民共和国成立以后的第一次全国性的武术表演。从此，太极拳走上了健康、持续发展的轨道。原国家体育运动委员会(现为国家体育总局)武术主管部门相继对太极拳技术标准进行规范。1956年原国家体育运动委员会组织多位太极拳家,以杨氏太极拳架为基础,集体创编了24式简化太极拳套路,还把社会流传的杨氏太极拳、剑整理为"八十八式太极拳"和"三十二式太极剑"。1958年原国家体育运动委员会组织制定了《武术竞赛规则》,其中也包括太极拳技术标准和评分办法。随着统一规范的太极拳、太极剑套路被编入高等体育院校《武术》教材,以及合编本《太极拳运动》(1962年)的出版发行,规范的拳架在太极拳的发展中发挥了较强的示范作用,极大地推进了太极拳的普及与推陈出新。按照国家当时对文化发展提出的"百花齐放、百家争鸣"的方针,经唐豪和顾留馨等专家提议的陈氏太极拳、杨氏太极拳、武氏太极拳、吴氏太极拳、孙氏太极拳,受到社会的认同,被中国武术部门认定为重点推广的五式太极拳。从1959年全国第一届运动会开始,太极拳在内的武术被列为正式比赛项目。太极拳被列入每四年一届的代表国家最高水平的综合性运动会,体现出中国政府对武术和太极拳的重视,促进了竞技太极拳在各省市的发展。

2.太极推手赛事面世

1979年,原国家体育运动委员会发文,倡议进行传统武术挖掘整理工作,后经1983—1986年这三年的努力,一场空前的"普查武术家底,抢救武术文化遗产"的武术挖掘工作在全中国展开。此项工作取得丰硕成果,为武术的继承和发展奠定了坚实基础。此年开始,连续3年分别在南京、太原、沈阳三座城市进行的全中国武术观摩交流大会上,除进行太极拳的交流比赛外,还进行了太极推手的表演,为正式开展太极推手比赛提供了经验。

1982年11月,全中国首届武术对抗项目——散打、太极推手表演赛在北京举行。伴随着太极拳的发展而产生的太极推手,终于作为一项体育竞赛项目面世。同年 12 月,北京大学成立武术学会,设立太极拳分会,这是中国高等院校第一个太极拳组织。此后,全中国 100 多所高校陆续成立了太极拳组织,在高校学生中培养了一批又一批的太极拳爱好者。1983 年 9 月,在上海举行的第五届全国运动会上,有 5000 名来自社会各界的太极拳爱好者聚集人民广场,表演太极拳。这表明太极拳已深深扎根于现代社会,贴近人们的日常生活。

3. 太极拳赛事走向单列比赛

1984 年 4 月,由湖北省体育运动委员会主办的"国际太极拳(剑)邀请赛"在武汉举行,来自 18 个国家和地区的 70 多名选手与中国近百名选手参加比赛。这次邀请赛是太极拳走向世界的一声"春雷"。同年 9 月,全国太极拳、剑邀请赛在黑龙江哈尔滨市举行,来自 10 个省市近 40 名优秀太极拳选手参加了陈氏、杨氏、武氏、吴氏、孙氏,以及四十八式、八十八式太极拳等七个项目的比赛,此次比赛为太极拳、剑脱离其他武术项目,走向单列比赛打下了良好且坚实的基础。

1986 年,原国家体育运动委员会将太极拳、剑、推手列为全中国正式比赛项目,并决定每年举办一次,这是迄今为止唯一单一拳种的全国赛制,从此广大太极拳爱好者终于有了展现自己拳技的一片天地。1987 年 9 月,首届亚洲武术锦标赛在日本横滨举行,来自 11 个国家的 98 名运动员参赛。太极拳这一中华民族瑰宝正式在亚洲亮相,从此亚洲太极拳爱好者人数持续增加。

1989 年,中国武术协会组织有关专家依据传统性、科学性、竞赛性的原则,以传统太极拳套路为素材相继编出陈氏、杨氏、吴氏、孙氏和武氏(1997 年编制)太极拳竞赛套路,突破了民间传统太极与竞技之间的隔阂,真正把传统武术纳入竞技体育体系;还创编了用于武术锦标赛的四十二式太极拳和四十二式太极剑竞赛套路,同时制定了太极推手竞赛规则。各式太极拳竞赛套路的制定，推动和促进了各式太极拳的普及和发展。

4. 太极拳走向世界

1990 年 9 月，第十一届亚运会在北京举行，包括太极拳在内的武术被正式列为洲际综合性运动会比赛项目。开幕式上，中、日两国 1500 名太极拳爱好者共同进行了大型太极拳集体表演。1991 年 10 月，第一届世界武术锦标赛在中国北京举行，共有 40 多个国家和地区的 500 多名运动员参赛，太极拳以主要比赛项目走向世界级的比赛舞台。此后，全国性"太极拳、剑比赛""全国武术锦标赛（含太极拳）""全国中老年太极拳比赛"每年举行一届。除了由中国、亚洲、世界武术主管部门和武术组织举办形成赛制的竞赛以外，由各省区市体育主管部门和武术组织举办的各种形式的太极拳比赛也如雨后春笋般出现。

2000 年 4 月，中国武术协会开始着手制定太极拳全球化发展战略——太极拳健康工程。这项工程，是将太极拳作为武术的一个品牌，持续地推向世界。5 月，中国武术协会启动太极拳健康月活动，决定将每年的 5 月定为太极拳活动月。7 月，在国际武联执委会会议上，执委一致表示支持中国的太极拳健康月活动，并将 5 月定为太极拳月。

2008 年在北京奥运会的开幕式上，太极拳的魅力吸引了全世界的眼球。2016 年，国务院印发《全民健身计划（2016—2020 年）》，确定太极拳为全民健身的重要项目。2020 年 12 月，我国申报的"太极拳"项目被列入联合国教科文组织人类非物质文化遗产代表作名录，作为中华优秀传统文化标识的太极拳进一步得到全世界的认可。

文化兴国运兴，文化强民族强。伴随着我国到 2035 年建成文化强国的远景目标，太极拳文化的繁荣和发展也将进入一个新的历史时期。太极拳在国内的习练人数日益剧增，当之无愧成为全民健身的主要项目，同时众多拳师、传人走出国门到150多个国家和地区传拳,数亿不同种族的爱好者加入太极拳习练队伍,太极拳正日益广泛地传向世界。从历史长河中走来的太极拳,正在成为21世纪颇具世界影响力的中华优秀传统文化之一。全面系统地传承和弘扬太极拳文化,既是时代的呼唤,更是中国人义不容辞的历史担当。

三、太极拳的五大流派

(一) 陈氏太极拳

陈氏太极拳是河南省温县陈家沟陈氏世传的太极拳拳架。据《陈氏拳械谱》记载,现在普遍传练的陈氏太极拳套路,是太极拳名家陈长兴(1771—1853年)和同时代的另一代表性人物陈有本,把宗师陈王廷时期流传下来的七个套路,经过整理、简化、创编而成的一路拳和二路拳两个套路(二路拳也称为炮捶)。陈王廷所编制的太极拳注意动作和呼吸的协调,尽管套路中有些动作要求爆发劲力和架势低伏,但仍体现了动作呈弧形,连贯圆活的特点,并将导引吐纳融入拳架,运动量逐渐加大,习练者呼吸也不会太急促。陈氏太极拳注重缠丝劲练法,在运动时不断地旋腰转脊,旋腕转膀和旋踝转膝,形成一动全动、贯穿整体的一系列的螺旋动作。

一路拳动作柔多刚少,以掤、捋、挤、按手法为主;二路拳动作刚多柔少,用劲以采、捌、肘、靠为主。陈氏太极拳的特点是:刚柔相济、螺旋缠绕、快慢相兼,呼吸要求"丹田内转",套路架势宽大低沉,且有发劲、震脚和跳跃动作。

(二) 杨氏太极拳

杨氏太极拳由杨露禅(1799—1872年)所创。杨露禅师从陈长兴,学有所成后,在北京发展并传授太极拳。他根据时代变化和社会各阶层民众的实际需要,对原学拳架进行了简化和创新,去掉了原来陈氏太极拳架中的蹿蹦跳跃、震脚发力等技击性较强的动作,创编了一套架势宽舒、动作圆润的套路。后经过其子杨健侯和其孙杨澄甫等的不断完善与创新而定型。可以说,杨氏太极拳的出现,促进了太极拳运动的大众化,标志着太极拳由攻防技击性为主向体育健身性与攻防技击性相结合发展成功转型。这也是当前结合健身、养生练习时采用较多、深受大众喜爱的太极拳。杨氏太极拳特点是:拳架舒展大方,速度平衡均匀,架势中正圆满,结构严谨庄重,动作连绵不断。

（三）吴氏太极拳

吴氏太极拳是由太极拳名家全佑与其子吴鉴泉所创。全佑首先师从杨露禅,后又师从杨露禅二儿子杨班侯学太极拳。杨班侯所传的拳架较为紧小。全佑的太极拳以善于柔化著称,经其精心创研后传给其子吴鉴泉。再经吴鉴泉改进、修缮与整理,在其晚年定型而形成吴氏太极拳。吴氏太极拳以柔化著称,拳架势小巧紧凑,细腻和顺,轻松自然;推手动作严密细腻,守静而不妄动,长于柔化,流传也较为广泛。目前南方与北方所练的吴氏太极拳拳架与风格略有不同。南方拳架势较为舒展,北方拳架势较为细腻,各有所长。

（四）武氏太极拳

武氏太极拳是由河北省永年区太极名家武禹襄所创。武禹襄初从杨露禅学太极拳,后又去赵堡镇师从陈青萍学习。返回故乡后,经多年精心研究,新创了有别于其他拳架势的太极拳。又经其主要传承人李经纶先生(字亦畬,1832—1892 年)、郝和先生(字为真,1849—1920 年)不断修改与完善,逐渐形成了自成一家的武氏太极拳。武氏太极拳特点是:姿势紧凑,动作小巧,步法虚实分明,出手不过足尖,左右手各管半个身体,胸腹部在进退旋转中始终保持中心位置。

（五）孙氏太极拳

孙氏太极拳是由武术名家孙禄堂所创。孙禄堂自幼酷爱武术，精通形意拳、八卦掌，功夫深厚，后又拜师郝为真学习太极拳。他将自身的体悟与形意拳、八卦掌、太极拳三种不同拳法的精华、要义融于一体，创编了独具特色的孙氏太极拳。孙氏太极拳的拳架小巧紧凑，架高步活，轻灵敏捷，开合自然；步法进退相随，迈步必跟，退步必撤，转身、换势时以开合手相贯穿连接，故又称为"开合"太极拳。孙氏太极拳架的身姿稍高，动作柔缓，比较适合中老年太极拳爱好者练习。

第二章　太极拳与传统文化

第一节　太极拳与道家文化

在距今大约三千年的时候,道家开始登上历史舞台,道家的创始人老子为后人留下了完美体现中华太极文化的经典文本《道德经》。《道德经》中充满着中华太极文化的本真智慧,"道"是宇宙的本原,"道生一,一生二,二生三,三生万物。""道"又是无形的,"道生于无",它表现在所生出的那个"二"中,这个"二"就是太极,是宇宙万物的最高级形式。《道德经》对中华太极文化的贡献之一就是对《易经》学说进行了补充,阐明了事物发展变化的根源,究其变,知其源,倡导实事求是的思想方法,为中华太极文化融入了鲜活的灵魂,这是中华文化的底蕴和智慧。

道家的另一位代表人物庄子对于中华文化的贡献同样众所周知,在中国武术中影响深远,与老子以老庄并称,成为道家文化的代名词。以老庄为代表的道家哲学在中国文化史上影响深远,中国武术思想的认识论、方法论,都可以说是师承道家的成果,道家学说中的一些经典如"崇下尚退""守柔处雌"等一直被各代武术名家奉为待人接物的准则,"顺其自然""上善若水"等格言也潜移默化地影响了一代又一代的武林人士。道家的阴阳学说和圆空观念直接孕育出了太极拳等著名的内家拳法;道教法术中的禹步,即为今天的太极圆环步的雏形;在"重生贵生、尊道贵德"宗旨的指导下,道家养生修身求长生久视的系列锻炼方法,也集中体现在太极拳的功法拳理上。在太极拳中,借力打力的"四两拨千斤"和"柔弱胜刚强"的以柔克刚与以静制动的"后发先至"等,都来源于老庄哲学,而太极拳之所以被称为"国粹",显然与道家思想密不可分。

（1）在我国古代众多的文化中,道家文化是仅次于儒家文化的第二主流文化。值得注意的是,道家文化是我国土生土长的文化,鲁迅曾说,我国的根底在道教,可见道教在我国传统文化中的地位是举足轻重的。其道家文化所蕴含的道家思想、哲学观点也非常符合太极拳的练习规律。

（2）道家以"柔弱胜刚强""清静为天下正"的理论为核心,追求"虚静"的人生境界,这种观念和心态对练习者的静心修炼有很大的帮助,但是其稍显消极的防御态度与武术运动竞技的精神是有些冲突的,可以说是道家文化对太极拳运动的不利影响。

（3）太极拳讲究"舍己从人""攻中有防,防中有攻",它的防御与进攻都蕴含了丰富的哲学思想,在防御时,善于避开锋芒,顺从对方来势,借力使力,以退为进;在进攻时,讲究圆润,扬长避短,以我之"实"击敌之"虚",多采用声东击西的方法,进攻的同时不忘寻求自我保护。这与道家的阴阳学说、八卦演变、动静相间、刚柔并济等也存在一定的相似之处。

（4）道家的"无为""虚静""无我""无私"等思想不仅可以指导太极拳的训练,而且利于练习者陶冶情操、完善人格,培养心无杂念、坚定不移的心志和理想,对练习者太极拳技术的提高起到了稳定的保障作用。

第二节　太极拳与儒家文化

太极拳理论在发展过程中还深深地受到了以孔子、孟子、周敦颐、朱熹等为引领的儒家学说的影响,从而极具儒学文化色彩。儒家仁学的基本思想是以仁爱、忠善之心待人接物,本质上是对良好人际关系的规范与界定,这一文化特征在太极拳的文化理念中也得到了很好的贯彻与体现。与以强调超越与竞争为特征的西方体育文化不同,以太极拳为代表的中国武术的价值取向及伦理观念都不外"和谐"两字,其追求的终极目标也是和谐。太极拳视身心和谐为真,人际和谐为善,天人和谐为美,源自儒家学说的和谐观念构成了中华太极文化理念的最高准则。

(1) 儒家文化讲究"仁、义、孝、忠、礼、智、廉、耻、信",是我国古代皇帝建立政权的思想统治工具,孔子、孟子等许多儒学大家主张修身养性,倡导血亲人伦。由于儒家思想对中华传统文化的发展影响深远,故太极拳运动的锻炼也不可避免地受到其潜移默化的影响。

(2) 太极拳的宗旨是提高练习者的体力、开发智力及在思想上培养练习者坚韧不拔、自强不息的精神,提高练习者的身心健康。太极拳在训练初期,即会把仁义、诚信、友爱、勇敢等儒家思想作为修炼者的人生信条,不仅在练习太极拳期间,太极拳修炼者在日常的待人接物、交流往来等方面也十分讲究,真正的太极拳大师也必是举止妥当、温文尔雅、与人和谐相处的典范。

(3) 如前所述,太极拳运动的锻炼、比赛等不仅需要练习者拥有良好的身体素质,在心理素质、品德等方面要求也比较高,而儒家的"仁、义、礼、智、信"即是较为规范、优秀的思想教育。一般情况下,太极拳传授者会将这种思想加入具体的训练项目中,将这些观念潜移默化地传播到练习者的日常训练中,使练习者在提高太极拳技术的同时,做到内外兼修。

（4）在太极拳运动中,人们将练习者肢体所发的体力、念力及气力等称为"太极力",将太极力的传导和运输叫作"太极劲"。在实际的训练中,练习者要平衡运用太极力与太极劲,保持良好心态,戒骄戒躁,正常运作各项爆发力,宽容对手的失误,使各项技能得到有效训练。在这种具有和谐锻炼氛围的过程中,儒家文化也起到了不可磨灭的作用。

（5）太极拳的练习讲究以静制动、以柔克刚、因势利导、以顺避害,在太极拳比赛中,比赛双方要遵循赛制规则,不失礼数,招不虚发,谦恭和谐地积极迎战对手。这种通过公平、公正、公开选拔而晋升级别的方法和思想,也是对儒家文化中不屈不挠和乐观精神的最好诠释。

第三节　太极拳与中医文化

一、太极拳与中医精气神

精、气、神是人体生命活动的三大要素,三者相互作用,是保持和恢复人体健康、维持正常生理活动的重要物质,为养生长寿之根本。精、气、神被视作人体生命活动的原动力与物质基础。如《悟真篇正义》中讲:"三元者,三才也,其在天为日、月、星之三光,在地为水、火、土之三要,在人为精、气、神之三物也。"借以强调精、气、神对于生命的重要性。它与阴阳五行、脏腑经络学说共同组成中医的理论基础,并指导中国功法实践。

（一）调身

太极拳运动恰是一项结合"导引术"与"吐纳术"发展起来的具有形神兼修、动静结合特点的养生运动。《黄帝内经》的养生专论《素问·上古天真论》明确提出了"形与神俱"的形神共养观点,即所谓"守神全形"

"保形全神"。太极拳在外主动而养形，在内主静而养神。其外在的肢体运动讲究手、眼、身、步法的协调配合，整体动作舒缓大方、轻松柔和、连贯均匀、圆活自然；通过外在的肢体运动使练习者全身放松，经络疏通，气血流畅。在内则重视精神内敛，以意导气，以气导动；习练过程中要求集中注意力，全神贯注，毫无杂念，通过意识的主导作用进行调息、调身的锻炼。太极拳的"意念不止""动作不息"体现了中国传统功法形神俱养、动静结合的特点。

（二）调心

太极拳是一种具有"心理营养剂"作用的运动。习练太极拳能使人体内气机的升降出入及其所引起的各种变化协调统一，对机体起到良好的保健作用，如促进血液循环，增强和保持免疫功能等，从而维护机体的正常生命活动。太极拳的医疗作用，正在于对精神和身体的共同调节。太极拳的运动能够调整人体气机的运行，促使中枢神经系统处于放松状态，有效消除烦躁、焦虑、沮丧等心理，长期坚持还能使人精神焕发，心情舒畅，提高机体免疫力。

（三）调息

太极拳呼吸锻炼对精神情志有良好的调节作用。太极拳练习时常用的呼吸方法分为自然呼吸、意识介入呼吸、拳势呼吸等。初学者采用自然呼吸，即人的本能呼吸方式。这一阶段意、气、形的技术特点是"重形不重意""练形不练气"。坚持练习一段时间后，可以采用意识介入呼吸，即意识适当介入呼吸与动作的配合。本阶段拳架应比较熟练，打拳完整协调，连贯圆活，和谐流畅不"断劲"。这一阶段意、气、形的技术特点是"以意导体""以体导气""开头利气"，形成"先外后内""以外导内"之拳势。练习到一定的程度，即可以采用拳势呼吸的方法，拳势呼吸是指呼吸与动作紧密配合的呼吸运动，是习拳达到一定程度的自然形成的一种呼吸方法。本阶段的动作已形成正确的"动力定型",动作规范,已由"以外导内"达"以内引外"的拳法要求。这一阶段意、气、形的技术特点是"以意御气""以气运身""重意不重形"。

太极拳重于对精、气、神的直接锻炼,通过调心练意使心存正念而除杂念,意静则神不外耗,心肾相交、水火共济,则精气得养,精足气满则神更旺,如此生生不已,可达祛病强身、延年益寿之目的。

二、太极拳与中医阴阳学说

阴阳是我国古代用以解释宇宙间一切事物变化的一种哲学概念,也是中医基础理论的基本概念。以阴阳两种对立因素的相互作用来说明万事万物的形成与发展,含有朴素的辩证唯物主义观点。阴阳学说的基本内容,可以用"对立、互根、消长、转化"八个字来概括,阴阳学说的基本内容不是孤立的,而是互相联系、互相影响、互为因果,是矛盾的、辩证的统一。

医武同源,在太极拳的演练过程中,阴阳虚实的变化对太极拳具有广泛的指导意义。《易经》用"阳"象征积极、明亮、向上的事物;"阴"象征消极、阴暗、向下的事物。阴阳学说成为中医学八纲辨证中阴阳表里、虚实寒热的统帅,同时也成了太极拳理论的基石。清朝王宗岳在《太极拳论》中开宗明义地提出:"太极者,无极而生,阴阳之母也,动之则分,静之则合……"也就是说在一个统一体(太极中),包含着两个互为其根的对立面(阴阳),它们相互依存,相互转化,此消彼长,彼消此长,互为依附,互为转化,以此来指导太极拳的修炼和应用。在具体实践中,太极拳家又以阴阳为纲,将柔、吸、引、化、收、蓄、入、来、退、屈、虚、合等列为阴,将刚、呼、击、打、放、发、出、往、进、伸、实、开等列为阳,使之具体化,由此更富指导意义。

(一) 动静结合

太极拳锻炼的目的是寻求人体的平衡协调,尤其是调整人体阴阳,使之保持动态平衡。如太极拳的动静结合,在阴阳学说中动为阳,静为阴,在练功原则上要求动和静密切结合,互为补充,动中有静,静中有动,练动功时要做到外动内静,练静功时则做到外静内动,也就是阳中求阴,阴中求阳,这样才符合阴阳互根互生的原理。太极拳在练习过程中,要注意不同动作的快与慢、虚与实、刚与柔、开与合、屈与伸、进与退、力度的大与小、配合呼吸的缓与急、深与浅,以及意念的轻与重、有与无等,这些都是阴阳对立在太极拳中的具体应用。在意念的运用上也分阴阳,凡是意念向上属阳,可升阳气,意守印堂穴和百会穴;凡是意念向下属阴,具有滋阴潜阳作用,可守会阴穴和涌泉穴。在呼吸锻炼方面,呼气为阳,吸气为阴,阳亢体质者多呼以潜阳,阴虚体质者多吸以滋阴。在动作上,向上、向外、轻快、刚性的属阳,可以提升阳气;向下、向里、重缓、柔性的属阴,可潜阳补阴。太极拳之阴阳虚实与中医的阴阳虚实均源于《内经》的阴阳哲学概念。欲将太极拳演练至炉火纯青的境界,必遵中医之阴阳虚实论。

（二）圆弧运动

太极拳套路整体是以圆为根本,每招每式仿太极图形,从起势到收势每个动作均保持圆弧的状态。首先太极拳势一般都由两手臂构成,各招式都需两手臂同时运转,就像太极图的阴阳二鱼形态,两手臂分开为阴,合起来像个整圆就为阳。其次太极拳运动讲究上下左右力量的平衡。在太极拳套路中有很多动作都是上下左右相配的。太极拳强调上下肢力量的平衡与配合。如太极拳身法要立身中正,不能歪斜,步法则要求轻灵与沉稳相协调。这就需要运用"虚领顶劲"与"气沉丹田"这对上下平衡的理论。太极拳云手这一动作是上下力量平衡的体现,要求下肢稳,上下肢相协调,脚下动作与手上动作要协调。通过平衡上下的力量有益于气血的顺畅,使得全身气血像一个圆周而复始地运行,从而维持人体气血的动态平衡。太极拳亦讲究左右平衡,如左右野马分鬃、左右搂膝拗步等。

（三）刚柔相济

太极拳动作转换过程中的刚柔相济特点也体现了阴阳学说。如提手上势接白鹤亮翅这一动作,在运行过程中需两手臂始终保持松、沉、柔、软的状态,而定势成白鹤亮翅时,则需舒指坐腕,内劲由脊背肩部、肘部、腕部,最后到达手指。正像拳论所说"极柔软,然后极坚刚"。此外,一些带有刚柔相济特点的动作,也体现了阴阳平衡的理念,如太极拳运动以腰部为轴带动肢体中手、身、腿的运动,促使全身各部位的肌肉始终保持着张弛有序的变化,对促进人体肌肉的正常运动起着积极作用。

"欲避此病,须知阴阳;粘即是走,走即是粘;阴不离阳,阳不离阴;阴阳相济,方为懂劲。懂劲后愈练愈精,默识揣摩,渐至从心所欲。"王宗岳在《太极拳论》中精辟地概括出了太极拳运动中所体现的中医阴阳理论的概念。

（四）虚实得当

虚实得当是太极拳技法的重要特点,成为太极拳修炼者共同的理论。武氏太极拳名家武禹襄在《十三势说略》中提出:"虚实宜分清楚,一处自有一处虚实,处处总有此一虚实。"其传人李亦畬在《五字诀》中也强调"一身之劲,练成一家。分清虚实,发劲要有根源"。虚实不仅成为太极拳的技法特点,也为太极拳练习者所接受,成为太极拳修炼者的共同理论。

然而在太极拳练习过程中,最容易出现的弊病往往是虚实不清。太极拳之修炼虚实以意为主,不能以有力无力作区别。如意在右手,则右手为实,左手为虚;意在左手则左手为实,右手为虚。两足亦是如此,不能以两足同时为虚实,造成"双重"之病,此为"一处自有一处之虚实"。太极拳是全身运动,并非其一部分或某一动作才讲虚实,而是处处皆有虚实。各式在运动时,前后左右上下,均有虚实重心可循。做到"左重则左虚,而右已去,右重则右虚,则左已去,前者是左虚右实,后者是右虚左实。""其根在脚,发于腿,主宰于腰,形于手指。"在具体运用中,或腕实而肘虚,或掌虚而臂实,或先虚后实,或先实后虚,意之所向,彼响斯应,时时用意,节节贯串,付诸实践,才能虚实分明,因势而变。若两脚同时用力,便是双重,此为练太极拳之大病。不少太极拳名家尤为重视虚实转换,所谓实者,并非全然站定,要全神贯注,而虚者并非全然无力,须气势腾挪。无过不及才能虚实变换灵活。

"夫拳名太极者,阴阳虚实也",太极拳以阴阳为之理论基础,以虚实变换为之实用,欲将太极拳演练至炉火纯青的境界,中医的"阴阳虚实"论不可废弃。

三、太极拳与中医五行学说

五行学学说认为,世界上的一切事物均由金、木、水、火、土五种基本物质之间的运动变化而生成。同时,还以五行之间的生克关系来阐释事物之间的相互联系,认为任何事物都不是孤立的、静止的,而是在不断相生相克的运动中维持着平衡协调,它比阴阳学说更为细致深入地研究事物或现象的差异性。中医学认为,五行的归属同样也可以反映在人体上,如《灵枢·阴阳二十五》中说:"天地之间,六合之内,不离于五,人亦应之,非徒一阴一阳而已也。"并且认为,五行不仅是一种分类方法,而且通过五行之间的生克制化,即相生、相克、相乘、相侮,可以探索和阐释复杂系统内部各事物之间的相互联系,以及在这些基础上所体现出的统一性、完整性和自我调控机制。

在中医学中,五行学说是用来取类比象进行推演、归类人体脏腑之间的生理功能、病理影响的相互关系,以及用来指导临床诊断、拟定治则的。其具体方法是以木、火、土、金、水五行之间的生克乘侮关系进行推演的。而在太极拳法中,讲掤、捋、挤、按、采、挒、肘、靠八门,进、退、顾、盼、定五步,也是按五行区分和掌握生克变化规律的。

太极拳练习者还可用五行取类比象的方法,与练习太极拳的环境联系在一起,并归属于某一行,把五行与脏腑、五气、五窍、五体、五志、五音、五色、方向和季节等对应起来。如方位配五行和五脏配五行,旭日东升与木之升发特性相符,故可将东方归属于木,面东练习可调理肝脏功能;南方炎热,与火之炎上特性相符,故可将南方归属于火,面南练习可清泻心火。

四、太极拳与中医藏象学说

藏指藏于体内的内脏,象指表现于外的生理、病理现象。藏象包括各个内脏实体及其生理活动和病理变化表现于外的各种征象。藏象学说是研究人体各个脏腑的生理功能、病理变化及其相互关系的学说。中医藏象学说将人体看成一个有机整体,并分为心、肝、脾、肺、肾五大功能系统,各系统各司其职,相互依存、相互联系,共同维持身体的功能平衡。

(一) 太极拳锻炼可使心肾相交

藏象学说与太极拳的关系十分密切。心、肝、脾、肺、肾是藏象学说中的核心。历代练功家都十分重视它们在修炼中的重要作用,因而在功法中的具体运用相当广泛。"心者,五脏六腑之大主也",练习太极拳时一旦排除外界事物的干扰,就可以发挥"心"协调脏腑平衡的功能,进而"主明则下安,以此养生则寿……"这说明,通过练功使心神安宁,才能使脏腑各司其职,发挥应有的作用,从而使身体健康。练功后心神安宁,心气更能发挥其推动血液运行的功能,具体反映在练习后脉搏和缓有力,面色红润,如《素问·六节藏象论》云"心者……其华在面,其充在血脉"。练功中的呼吸锻炼,使天地之精气以纳,脏腑之浊气以吐。所吸之精气,不但充实了真气,而且能进一步推动气血在全身的运行,使全身气血流畅,五脏六腑、四肢百骸得到营养与活力,身体抵抗力增强,免疫力提高。肺主气,肾主纳气,"肺为气之主,肾为气之本",通过有意识的"气沉丹田",可以加强"肾主纳气"的功能;不断练习呼吸的控制和调节,可以使机体活动时呼吸更加平稳,为机体节省能量,同时降低心肺负荷。太极拳运动在"主宰于腰"的前提下,由腰部来带动四肢,使"全身一动无有不动",从而加强命门的作用。通过太极拳练习使真气充足以后,不但元阴元阳可以互济互根,肾水还可上济于心(君火)。因此,对因"心肾不交"而造成的心悸、失眠、遗精等症就可起到改善的作用,而心的协调脏腑功能也随之加强。

(二)太极拳通过锻炼五脏增强体内正气

太极拳是一种以弱为强,增强人的体质和正气,并锻炼内部功能的一种运动。在练太极拳时,首先要求放松,但要"松而不懈,紧而不僵",这样才能使全身的气血运行通畅并心中平静,并且要"头顶天,涌泉穴接地",才可以促使心肾相交,水火相济,这与中医所认为的心属火主血脉藏神,肾属水主封藏,心与肾是气机升降的根本这一观点相同;其次习练太极拳时要求"松肩坠肘,含胸拔背",如此方可使气机通畅,也就是中医所说的肺属金主肃降藏气,肝属木主升发及藏血,而肺与肝是气机升降的翼佐;最后太极拳非常重视"尾闾中正,主宰于腰",这样才能使周身气血运行无碍,此处所指的腰包含了腹部,也即中医所说的脾属土主运化,人全身的气血运行及升降,都需要通过脾来完成,所以脾是气机升降之枢,而太极拳对腰腹部之锻炼也就是锻炼了脾与肾。因此,太极拳可以锻炼五脏,使其功能正常及强健,促使五脏之气顺畅通调,并且使五脏功能逐渐恢复正常,进而强身健体,以此达到养生的作用,这正与中医五脏气机的升降出入运动之观点不谋而合。

五、太极拳与中医经络学说

经络是气血在机体内运行的特殊通道,是经脉和络脉的总称。人体的经络系统不是彼此孤立的,而是按照一定规律,形成气血运行于全身各部位的有机整体,通过这个网络系统,内连五脏六腑,外络四肢百骸。经络为气血运行的通道,是元气所派生的,也被称为内气的一部分,可以通过太极拳被人感知。

(一) 太极拳锻炼可以疏通全身经络

太极拳运动中一个关键的问题,便是要通过肢体的活动去"导引"和"疏通"全身经络。首先太极拳的拳势多分左右势配合进行,有利于疏通及平衡左半身及右半身的经络系统。其次太极拳强调全身心的放松,其入静状态可以转移七情对五脏的刺激,使气血不致逆乱而循于经脉之中。太极拳以意行气、以气运身的运动特点是通过意识主导气息,并以经络作为传递气息的桥梁,最终达到劲贯四肢的作用。在此过程中,经络系统得到了有意识的锻炼。最后练拳时需舌尖轻抵上颚,从而刺激舌系带金津、玉液二穴。头顶则要求虚领顶劲,即是百会穴轻轻上提,而呼吸方式又以腹式呼吸为主,需做到气沉丹田,通过平衡这一对拨之力,有益于打通任督二脉。如陈氏太极拳手型中对掌的要求——"瓦拢掌",拇指与小指有相合之意,中指、食指、无名指微向后仰,四指均轻微合拢,但不能用力,掌心是虚的。这一动作就要求手掌放松。对勾的手要求是五指尖捏拢,屈腕放松,不能用力形成死弯,如果练习时不注意就会造成五指紧张,勾用力呈死弯,腕部紧张而导致气血不畅。

（二）太极拳锻炼可以畅通手足经脉

太极拳的四肢运动有利于畅通手、足十二经脉。太极拳具有独特的运动形式。上肢要求松肩坠肘气达指尖,其特点可概括为:运转走弧形,螺旋劲不停。往返有折叠,指、掌、拳分明。下肢由腰部旋转带动,胯、膝、足与上肢肩、肘、手相配合,其特点可概括为:运劲如抽丝、迈步如猫行。进退需转换、虚实要分清。这种螺旋走弧的圆活运动,使四肢的肌肉、韧带、关节在均匀连贯的反复活动中,得到无微不至的运动,做到"行气如九曲珠,无微不至",气血畅通,使其流转贯注于手、足末端,从而达到本固枝荣。

（三）太极拳身法可以活动四脉

太极拳的身法有利于任、督、冲、带四脉的活动。《拳谱》云:"尾闾中正神贯顶,满身轻利顶头悬""含胸拔背气沉丹田"。太极拳这个身法的关键是尾闾中正,尾闾处的长强穴是督脉的络穴,别走任脉。太极拳整套拳路不断运转挤压长强穴,起到通调任督的作用。在这种身法下,腰部微微旋转以带动四肢动作,既促进任、督两脉不断活动,又使腰间的带脉膨胀、肾部充实。锻炼日久,使带脉一圈肌肉丰满,小腹之冲脉气势旺盛。

总之,太极拳是中国传统辩证的理论思维与武术、艺术、导引术、中医等的完美结合,其特点是趋于圆融一体的至高境界,其对于武德修养的要求也使得习练者在增强体质的同时提高自身素养。作为一种饱含东方包容理念的运动形式,太极拳对习练者意、气、形、神的锻炼,非常符合人体生理和心理的要求,对人体身心健康及人类群体的和谐共处,有着极为重要的促进作用。在太极拳养生的习练过程中，只有结合意气，才有助于调节神经，按摩内脏，逐步畅通气血和经络，促进新陈代谢，使身体的阴阳保持平衡。锻炼者可在长期实践中体会太极拳和中医原理的结合。

第三章 太极拳的锻炼功效

第一节 太极拳的健身原理

一、太极拳的动作姿势有利于气血运行

中医认为"气"为生命之本源,"气为血帅,血为气母"。气为阳,血为阴,气与血有阴阳相随、互为滋生、互为依存的关系,太极拳理也遵循这一理论。因此,太极拳的练习非常注重呼吸与动作的协调配合,起吸落呼,通过调息吐纳和肢体运动相结合,加速气血在体内的运行速度,使营养物质通过气血传送到身体的各个所需部位。中医学还认为,动作缓慢、柔和的运动更有利于改善人体的微循环,"痛则不通,通则不痛",促使一些不通之处通畅了,许多慢性病症状就会得到缓解或消除,起到祛瘀通络、活血散滞的良好效果。

二、太极拳的技术特点有利于人体新陈代谢

太极拳的技术特点决定了太极拳为运动量与负荷适中的健身活动。适中的运动量与负荷使机体新陈代谢处于适宜状态,无论是能量物质供应,还是代谢产物排放都在一个比较有序的状态下进行。由于太极拳是周身上下内外的运动,通过神经系统对内脏器官调节过程的改善,腹肌的收缩和舒张对肝脏与胃肠也有自我"按摩"的作用,肠、胃、肝、肾随之

发生运动,促进肝内的血液循环,消化腺大量地分泌消化液,提高胃肠的张力、蠕动、消化及吸收能力,增强了肾上腺素的分泌功能,改善了体内的物质代谢,特别是对胆固醇的代谢。

三、太极拳动作与意念的协调配合有利于中枢神经系统保健

练习太极拳,要求"心静、用意"和动作的前后连贯、协调平衡,这在很大程度上可以提高中枢神经系统的紧张度,活跃其他系统与器官的机能活动,加强大脑中枢神经系统的调节。经常练习的人会觉得周身舒适、精神焕发、反应灵敏。对于某些慢性病患者来说,情绪的提高不仅可以活跃各内脏器官,还有利于病人脱离病态心理,具有良好的治疗效果。

太极拳运动特别强调意念与动作协调配合,其运动时的配合水平反映了心理(意)、中枢神经系统与生理组织器官及功能系统的协调程度。太极拳松、静、自然的运动状态,有利于阴阳、虚实、进退自如地转化,对神经系统有显著的保健作用。长期进行太极拳练习可有效地促进中枢神经系统灵活、协调、有效地支配动作,更对练习者起到心情舒畅、平和怡神的正向作用。

第二节 太极拳锻炼对人体身心健康的影响

一、太极拳锻炼对神经系统的影响

练习太极拳时,动作需要"完整一气",从眼神到上肢、躯干、下肢,上下协调一致,前后连贯,绵绵不断,同时由于动作的某些部分比较复杂,需要有良好的支配和平衡能力,因此需要大脑在适度紧张的活动下完成动作,这也间接地对中枢神经系统起着训练的作用,从而提高了中枢神经系统紧张度,活跃了其他系统与器官的机能活动,加强了大脑方面的

调节作用。

　　练习太极拳，要求"心静"，所谓心静就是使大脑安静下来，精神集中，不受外界干扰，并且讲究"用意"，思想高度入静，调息入静，暂时关闭一切信息通道，调整呼吸，减少外界信息干扰，使大脑处于放松入静状态，这对处于高度紧张状态，尤其是对脑力劳动的人们来说是一种积极的休息，对当代社会的"文明病"——大脑过度紧张、肢体缺少运动是有益的治疗。现代社会的生活和工作使大脑皮质相应区域高度兴奋、紧张，容易导致肾上腺素分泌增加，交感神经过度兴奋，副交感神经兴奋性相对降低，这两者处于失调状态，会影响正常的生理机能。太极拳运动会使习练者有意识地运用意念调节中枢神经系统兴奋区域转化，诱导自主神经机能提高，促使有机体机能全面、协调运转，从而达到保健目的。

二、太极拳锻炼对心血管系统的影响

　　太极拳对心血管系统的影响是在中枢神经活动支配下产生的。太极拳的腹式呼吸方法及很多动作要求气沉丹田，且呼吸有节律，特别是横膈肌运动，它在医疗和保健上具有重要作用。膈肌与腹肌的收缩与舒张，使腹压不断改变，腹压增高时，腹腔的静脉受到压力的作用，把血液输入右心房，相反当腹压降低时，血液则向腹腔输入，有助于提高心脏血管的功能，促进血液循环，加强心肌的作用，改善心脏的供血，从而有助于保持心脏、血管和淋巴系统的健康。骨骼肌的周期性收缩与舒张，可以加速静脉的血液循环，保证静脉血液回流及向右心室充盈的必要的静脉压力。太极拳柔和协调的动作，会促使血管弹性增强，血管神经稳定性增强，更能适应外界刺激。长期坚持锻炼，有利于防止高血压和血管硬化。有关资料显示:经常练太极拳

的老人较其他老人而言不仅血压正常,心脏收缩有力,而且动脉硬化的发生率也较低。

三、太极拳锻炼对骨骼肌系统的影响

太极拳对老年人的骨骼、肌肉及关节活动的作用最为突出,练习太极拳可以改变骨中骨质的分布,促进骨质的转化,减少矿物质的丢失,使骨密度保持稳定,还可调节骨钙和血钙之间的平衡,增强骨的弹性和韧性。太极拳要求动作连贯、圆活,周身关节贯穿,这样有利于促进全身的血液循环,并促进神经、体液的调节,有利于体内营养物质通过血液循环输送到骨内,加快破骨细胞向成骨细胞转化,使骨密质增多,有利于提高机体骨骼的韧性、机体的平衡能力及其灵活性,减少骨折,有利于增加肌肉的弹性,提高关节的灵活性。

四、太极拳锻炼对呼吸系统的影响

太极拳深长缓慢的腹式呼吸方法,不仅增加呼吸的深度,降低呼吸的频率,使肺通气和换气的效率提高,按摩了脏腑,而且促使呼吸道阻力减小,加大膈肌的上下运动,使肺泡弹性增强,肺活量增加,最大通气量提高。呼吸系统机能改善促进了血液气体成分的良性改变,氧饱和度、氧分压增加,二氧化碳分压降低,呼吸指数下降,体内有机酸增加,储备消耗减少,说明太极拳练习时对氧的利用率提高,增强了机体氧代谢和能量储存,促进了呼吸系统机能提高。

五、太极拳锻炼对消化系统的影响

练习太极拳要求含胸拔背、松腰敛臀,以腰为轴,以腰带手,腰的转动幅度大,能使人体的内脏得到柔和的按摩和刺激,并能带动胃、肠、肝、胆、胰做大幅度转动。同时太极拳是腹式呼吸,膈肌活动范围的扩大,不仅对肝、胆起到了一定的按摩作用,还能加强胃肠的蠕动,促进消化液的

分泌,最终提高胃肠消化道的消化和吸收功能,进而改善整个消化系统的功能。

六、太极拳对内分泌系统的影响

内分泌系统是使机体在复杂环境中保持内环境稳定的重要系统,人体之所以产生各种疾病,往往与人的免疫力下降、内分泌活动失调有关。太极拳运动能够有效地提高副交感神经的兴奋性,促进内分泌活动,增强人的免疫力,推迟衰老。许胜文等对51名老年太极拳练习者进行下丘脑—垂体—性腺轴神经内分泌功能的研究,并与由17名老年人组成的对照组进行比较研究。观察发现,安静状态下练太极拳的老人的血清卵泡刺激素(FSH)浓度为(16.54 ± 15.16)mIU/mL,显著高于对照组老人$[(11.05 \pm 6.08)$mIU/mL,$P < 0.0]$。黄体生成素(LH)也有练太极拳组高于对照组的趋势。FSH和LH为垂体激素,与性激素的分泌活动息息相关。FSH、LH升高,可促进性腺分泌激素,如雌激素、孕激素,这对抗衰老有十分重要的意义。

七、太极拳锻炼对心理健康的影响

太极拳强调松静自然,以意识指导动作,要求"意到身随""身心兼修",能使人进入无忧无虑的悠闲境地,消除心理疲劳,情绪开朗,乐观向上。若再配上典雅优美的音乐,则可使习练者整个身心得到非常大的放松,让人心旷神怡。练习太极拳要立身中正,形神一致,动作匀速缓慢、行云流水、连绵不断、刚柔相济、神安体松。长期练习,可使急躁、易怒、焦虑、多疑的人变成稳健、豁达、沉静、随和、乐观的人。太极拳可以提高人的社会适应性与社会行为水平,太极拳习练者可以在集体交流拳术的过程中,交流情感,增进相互之间的理解和信任,改善人际关系,从而疏导生活和工作中的心理压抑和情感。

　　实践证明,太极拳是一种符合人体生理、心理特点的科学健身方法,太极拳的特殊运动方式与要求对呼吸、消化、神经、心血管等系统有着较为显著的保健和医疗作用。

第四章　循序渐进练太极拳

第一节　太极拳锻炼的基本要求

一、学习太极拳的总体要求

（一）注重基本功、基本技法练习，并贯穿于整个学习过程

太极拳教学过程中涉及的问题很多。首先是动作数量多；其次是动作的方向变化多；再次是动作所包含的因素多，外有手、眼、身、步的配合，内有精、气、意、劲的统一；最后是不同太极拳技法特点、演练风格的差异。因此，为了更好地学习、掌握太极拳，在学习套路之前，必须首先学习太极拳的基本功、基本技法，为将来进一步学习打下良好的基础。不论学习者自身水平的高低如何，在练习过程中都不能忽视基本功、基本技法的练习。这不仅仅是在学拳的初期，还要贯穿于整个学习生涯的始终。抓好基本功、基本技法的练习，有助于练习者更好、更快地掌握太极拳的技术方法与特点，这是学练太极拳套路、推手、技击的前提与保证，否则就似无根的浮萍，虚而不实。正如《拳谚》所说："练拳不练功，到老一场空。"太极拳的基本功、基本技法包括桩功，基本手型、步型，基本手法、步法、腿法等。

（二）整套动作练习与单个动作、组合动作、分段练习相结合

从生理学、运动训练学的角度讲，运动技能的提高需要通过量的积

累来实现。因此,通过完整的整套动作重复练习,保持适当的运动负荷是必需的、有效的。经常进行整套动作练习,一方面,有助于练习者自身呼吸功能的提高;另一方面,通过整套练习,才能充分体验太极拳的松、静、自然,促进各动作之间的连贯、协调,使各单个动作结合成一个有机整体。通过量的不断积累,达到质的提升。

一般太极拳套路由几十个动作组成,对于初学者来说,不应急于练习整套动作,因为其基本功不扎实,动作环节不固定,对正确动作的动力定型尚未形成,一开始就练习全套动作,会破坏正确的动作结构,形成错误的动力定型,不利于动作的改进与提高。习练者应耐心地学习太极拳的基本功、基本技法,先进行单个动作与技法的反复练习,完全掌握之后,再进行组合动作、分段动作的练习,以巩固正确的动作方法,进一步提高自身的身体功能,逐步过渡到全套动作的练习。对于有一定基础的爱好者,可以全套动作练习为主,但对于太极拳中具有代表性的动作或整套练习中完成不好的动作,应抽出单练,提升基本技法和单个动作的质量,然后辅以组合动作及分段的细化练习,使太极拳中具有代表性的动作或整套练习中完成不好的单个动作、各相连动作局部的虚实变化和配合更加自然、协调,这样才能提高整套动作水平。

(三) 强调内外兼修,突出太极拳的风格特点

太极拳是一种轻灵、柔和、缓慢、内外兼修的拳术。因此,在练拳过程中要把呼吸、意念与手、眼、身、步协调配合,强调内外联系,使内形于外,达到"筑其内、强其外"的目的。各式太极拳都有其自身不同的特点,因此在学习过程中,除掌握太极拳的内在要求(呼吸、意念等)与外部特征(柔和、自然、徐缓)的一般规律外,还要在动作规格、运动方式、技法等方面充分体现各式太极拳的风格特点。

二、太极拳套路练习的基本要求

（一）心静体松

"心静"和"体松"是练习太极拳最基本的心理和肢体要求，有利于练习者正确掌握手、眼、身、步的外部形态与意、气、力的内在要求的有效结合，提高锻炼的效果。

所谓"心静"，就是在练拳时，要求排除杂念，无论动作简单还是复杂，难度高或低，心理上都要保持安静状态，这样才能意识集中，思想专一，使精神能专注到每一个动作上，做到专心练拳。

所谓"体松"，不是单纯指身体某一关节或肌肉的放松，而是指周身关节、肌肉处处放开，通过用意引导全身关节和肌肉由僵变柔，避免无谓的紧张和不该用力的部位用力，做到松而不懈、松而不散。

（二）连贯圆活

所谓"连贯"，是指拳势之间动作要连贯，绵绵不断，节节贯穿，不停不滞，一气呵成。动作之间的衔接不能有明显的停顿或断劲。一个动作的结束就是下一个动作的开始，势势不断，招招相连，形成一个有机整体。例如"搂膝拗步"接"手挥琵琶"，在搂膝推掌的动作完成后，微微一沉，在似停非停之际，立即接"手挥琵琶"的动作，动作衔接连贯自然，行如流水，所谓"劲断意不断，意断神亦接"就是这个道理。

所谓"圆活"，是指练拳时肢体动作处处以圆圈或弧形相连，灵活自然。太极拳不仅要求肢体按照一定的曲线运行，而且要求肢体形态要处处是圆。例如，手臂要求呈自然弯曲状态，运行时以腰椎旋转带动四肢做弧形运动，做到"曲中求直"，肢体切不可僵直或死弯，以使动作轻灵、含蓄，圆活自如。

（三）稳柔缓匀

所谓"稳"，就是稳健。练拳时要虚领顶劲，体正气沉，步似猫行。动作的进退转换、虚实变化要轻柔、沉稳。所谓"柔",就是指动作过程要轻灵、柔和,不僵不滞。所谓"缓",就是动作速度要缓慢,但要做到缓而不滞。只有慢,才能更好体会手、眼、身、步、意、气、力的内外协调统一。所谓"匀",就是练拳时全套动作的整体速度均匀,不能忽快忽慢,而要保持适当的匀速运动,使整个动作过程轻灵、沉着、稳健。

（四）上下相随

所谓"上下相随",不仅是指上肢、下肢及躯干的协调配合,还包括手、眼、身、步及意、气、力的整体配合。在练习过程中,腰是运动的主宰。首先通过腰部旋转带动躯干,再由躯干带动四肢的运动,并使手脚的动作与眼神相互结合,做到"一动无有不动"。如在做"搂膝拗步"时,开步与上体微转相一致;推掌时眼随手动,同时与搂手近身协调一致,就能达到全身的协调与完整。

（五）虚实分明

"虚实分明"是太极拳运动的主要特点之一。在太极拳练习中,虚实的变化始终伴随着动作运动而存在。一是身体重心的转换要虚实分明,如重心在左腿时,则左腿为实,右腿为虚;重心在右腿时,则右腿为实,左腿为虚。在重心转换时,应先保持重心稳定,再慢慢地平稳转移,使虚实的变化清楚、自然、柔和。二是肢体动作配合意念来体现虚实。如在做"搂膝拗步"时,意在右手,则右手为实,左手为虚。虚实变化既要清晰分明,又要连绵不断。

（六）内外合一

所谓"内外合一",是指意识、呼吸等内在活动与外部动作形态相结合。

第一,意识与动作相结合。太极拳运动强调"以意为先",要求"先在心,后在身"。这就是说,太极拳的一招一式、一举一动都是以意识引导动作,意在哪里,手足就要运行到哪里。在未动之前先想动作,随想随做,连绵不断,这就使意识与动作结合起来,动作则轻灵、柔和,如凭着力气去驱使肢体运动,动作则僵硬迟滞、拖泥带水。第二,呼吸与动作相结合。一般来讲,呼吸与动作的配合是有一定规律的,在练拳过程中,呼吸与动作的配合需要一个锻炼的过程。动作要稳、柔、缓、匀,呼吸要细、匀、深、长,切不可急呼急吸或憋气练习动作。对于初学者来讲,呼吸与动作的配合应循序渐进,练习时不可勉强用一呼一吸去完成一个动作。

意识、呼吸、动作三者在太极拳练习过程中不是孤立分开的,而应是协调统一的。具体讲,就是"以意导体、以体导气",即练拳时要集中精神,以意识引导动作,以动作配合呼吸,使三者结合为有机整体,使身体内外得到全面的锻炼。

三、呼吸要领

太极拳的气和呼吸法,是练习好"内功"和拳架的重要因素。在练习太极拳时,由于动作轻松柔和,身体始终保持着缓和协调,所以增加呼吸深度可以满足体内对氧气的需求,这对正常的呼吸影响并不太大,同时对促进练习者的身心健康起着重要的作用。《太极拳论》讲:"能呼吸然后能灵活"。因此,在练习太极拳的过程中,要注意运用好呼吸。

(一) 自然呼吸

初学太极拳的人,首先要注意保持自然呼吸,也就是说,在做动作时,练习者应按照自己的习惯和练习时的需要进行呼吸,该呼就呼,该吸就吸,动作和呼吸不要互相约束。在练习太极拳的初级阶段,强调的是"重形而不重意""练形而不练气",因此不要刻意地强调呼吸配合动作,这样容易憋气,对健康和学动作非常不利。

(二) 意识介入呼吸

动作熟练之后,可根据个人锻炼的体会程度,毫不勉强地随着速度的快慢和动作幅度的大小,按照起吸落呼、开吸合呼的要求,使呼吸与动作自然配合。例如,做"起势"的两臂慢慢前平举时要吸气,而身体下蹲、两臂下落时则要呼气。这种呼吸方式是根据胸廓张缩和膈肌活动的变化,在符合动作要求与生理需要的基础上进行的。这样能够提高氧的供给量和加强膈肌的活动。但是,在做一般起落开合不明显的动作时,或在以不同的速度练习时,抑或不同体质的人练习时,动作与呼吸的配合不能机械勉强,要求一律,否则违反了生理自然规律,不仅不能得到好处,反而可能造成呼吸的不顺畅和动作的不协调。按照动作要领,反复练习,才能使呼吸和动作逐渐实现自然结合。

（三）拳势呼吸

拳势呼吸是呼吸与动作紧密配合的呼吸运动,是习拳到达一定程度自然形成的一种呼吸方法。拳势呼吸已经能够完全实现"意到气到,气到劲随"的境界。呼吸时要用鼻吸或口鼻同时呼气,不能用口吸气。这时基本上采用"气沉丹田"的腹式呼吸,呼吸要深、长、均、细、缓,呼与吸交替时要有一种似停非停的短暂过渡。虽然这个阶段是以拳势呼吸为主,但是也要辅助相应的自然呼吸,只有这样才能保证呼吸与动作结合的自然和谐。

以上呼吸要领不是彼此分离,而是相互联系的。如果心不能"安静",就不能意识集中和精神贯注,也就难以使意念与动作结合进行,更达不到连贯和圆活的要求。如果掌握不好虚实与重心,上体过分紧张,也不可能做到动作协调、完整一体,从而呼吸也就谈不上自然了。

四、练习注意事项

太极拳是一项柔和的健身运动,它适合不同年龄、不同体质的人。但是在初学太极拳的过程中也有一些需要注意的事项。

（一）保证匀速练习

太极拳的架势比较平稳舒展,动作要求不僵不拘,符合人体的生理习惯,没有忽起忽落的明显变化和激烈的跳跃动作。在刚开始接触太极拳时,要从慢上下功夫,动作宜慢不宜快,要打好基础先学动作,掌握动作要领。等到动作逐渐熟悉以后,无论是稍快还是稍慢,都要保证动作的匀速,正常的速度是打一套太极拳要4~8分钟,有的慢一些要8~9分钟,但也不可太慢。

（二）架势要平衡,不可忽高忽低

从"起势"到"收势",整套太极拳动作要一直保持一个高度,不能忽高忽低。动作的虚实变化与姿势的过渡转换是紧密衔接、连贯一气的,不能有明显停顿的地方。初学者的架势可以稍微高一点,也可稍微低一点,但要注意整体动作统一。体质较弱的练习者,可以选择高架势练习,等到动作熟练了,功夫增强了,再选择中架势或者低架势练习,要循序渐进。

（三）要持之以恒

练习太极拳与其他体育运动一样,贵在坚持,千万不能"三天打鱼,两天晒网",那样的话,不仅不能提高太极拳的技术水平,更不能达到增强体质和祛病防病的目的。初学者如果不能坚持锻炼,可以参加集体学习,或者多和他人交流学习经验,这样成效会好一些。

（四）太极拳注意十则

为了充分发挥太极拳的特殊作用,在练拳时应认真掌握动作要领,前人所提的"太极拳注意十则"值得重视:

（1）立身中正。姿势自然,重心放稳,呼吸自然,血循通畅。

（2）神舒心定。精神安定,心情舒坦,排除杂念,大脑安静。

（3）用意忌力。用意识引导动作,"意到身随",动作不僵不拘。

（4）气沉丹田。吸气时横膈下降,可以增加通气量,并增加内脏活动。

（5）运行和缓。动作缓慢但不消极随便，能使呼吸深长，更好地用意识引导动作。

（6）举动轻灵。"迈步如猫行，运动如抽丝。"

（7）内外相合。心神意识活动与躯体动作紧密结合，使意识、躯体动作与呼吸相融合。

（8）上下相随。要求全身动作全面协调，以腰为轴心，做到身法不乱，进退适宜。

（9）相随不断。要求动作连贯，自始至终一气呵成。

（10）呼吸自然。初学时要保持自然呼吸，以后逐渐有意识而又不勉强地使呼吸与动作配合，做到深、长、匀、静。

第二节　如何练好太极拳

一、太极拳的锻炼方法

太极拳的锻炼方法，分为基本功练习、基本动作练习、动作组合练习。太极拳的基本功、基本动作和动作组合，是太极拳的重要组成部分，独立练习是提高太极拳技术水平的重要方法。

（一）基本功练习包含上肢动作练习、下肢动作练习

（1）上肢动作练习分为分靠势、掤按势、搂推势、捋挤势、架推势、云手势。通过上肢动作练习，能使太极拳练习者体验和掌握上肢多走弧形的运动路线，以及落点定势略刚（俗称"运柔落刚"）的运动特点。

（2）下肢动作练习分为定桩和活桩两种。所谓"桩"，就是建房夯实地基的打桩，这里比喻要练就稳固的下肢。站桩既是一种静站的练习方式，也是端正身姿、协调身心的一种练习方法。定桩包含混元桩、开合桩、升降桩、虚实桩等。活桩是以主要步型配合步伐移动行进，包括上步

桩、退步桩、弓步桩、侧行桩等练习。

（二）基本动作练习

基本动作多为拳架中经典动作的提炼，主要为基本步型与手法动作的结合练习，如左右野马分鬃、左右搂膝拗步、左右倒卷肱等。

（三）组合动作练习

由三个或三个以上单个动作连贯起来练习，叫作组合练习。掌握组合动作练习，也是为段落练习和整套练习做好必要的准备。

二、合理安排锻炼步骤

在太极拳锻炼中，我们时常会遇到这样的问题：由于不了解一些运动的基本常识，练习者的身体和心理还没有进入一种很好的状态，就开始进行套路练习，这样锻炼不仅得不到良好的健身效果，反而会适得其反。有一些太极拳爱好者常常问，太极拳运动很缓慢，还用做准备活动吗？如何做准备活动？练习后要做放松整理活动吗？这些问题带有一定的普遍性，如果解决不好，会直接影响太极拳的锻炼效果，同时也会影响太极拳的推广普及。为了更好地掌握科学的太极拳锻炼方法，提高太极拳锻炼的质量和效果，下面简单介绍一下有关太极拳锻炼过程中应注意的几个关键环节。

我们知道，一项安全有效的锻炼一般包括三个部分，即准备活动、身体锻炼和放松整理，这是由人体的生理机能所决定的，太极拳运动也不例外。通常情况下，太极拳练习的过程也划分为三个阶段，即准备阶段、练习阶段和放松阶段。下面介绍每一个阶段应该注意的核心问题。

（一）准备阶段——运动前做伸展

虽然太极拳运动是一项舒缓的运动，运动的强度不大，但是在运动开始时，也要像从事其他体育运动一样做热身，也就是通常所说的准备活动。然而，许多太极拳练习者对此缺乏认识，忽视了这一必不可少的部分,其结果往往是练习一套太极拳后,下肢肌肉出现不同程度的紧张和酸痛。长期这样不科学地锻炼甚至会造成关节劳损、肌肉扭伤等运动性损伤,这都是没有掌握科学的锻炼步骤所造成的。一般来说,太极拳练习的准备活动的主要目的有两个:一是活动各关节与肌肉,提高其温度,增加弹性,以适应将要进行的运动;二是逐渐提高心率,让心血管系统做好进行活动的准备,以便安全地进行太极拳锻炼。准备活动的时间一般为5~10分钟,准备活动的内容通常是采用一些全身性的柔韧练习。

(二) 练习阶段——运动中练心肺

进行适度的有氧运动可以增强体质,提高人体健康水平。人体的各器官系统,只有在一定的运动强度刺激下,功能才能得到改善。如果运动负荷过小,就不足以引起机体积极的适应性改造;而运动负荷过大,则会导致机体产生裂变性反应,将会对人体心血管系统造成不良的影响,不但得不到良好的锻炼效果,反而起到反作用。适度运动的基本要求是有兴趣、安全和有效。集导引、吐纳、武术于一体的太极拳运动,其动作柔和、徐缓,运动时间相对较长,而运动强度相对较低,是一种较为理想的健身运动。大量的研究表明,太极拳运动始终在氧气充分的条件下进行,因此,对提高有氧工作能力十分有利。从医学的角度来讲,有氧代谢运动的核心概念是平衡。平衡是健康之本。这包括机体动与静的平衡、心理上紧张与松弛的平衡,以及新陈代谢的平衡。可以认为,太极拳运动属于有氧运动,对练习者的机体有着良好的健康促进作用。

(三) 放松阶段——运动后要放松

经过太极拳锻炼,练习者的身体会产生一些反应,如身体发热、血流增加、神清气爽等,练习者的身体生理机能处于良好的状态,甚至身体也会出现微微的疲劳感,其实这些反应是正常的。但是,如果我们练习太极拳后,马上转入其他事情,则会对身体产生不利的影响。因此,在太极拳练习后,一定要有放松整理运动,这是太极拳锻炼过程中必不可少的一部分,其中对下肢膝关节的放松整理活动尤为重要。通常,在太极拳锻炼结束以后,我们可以通过缓慢地散步、甩手、踢腿,有意识地放松按摩下肢,促使身体各部位生理活动渐趋缓和,以便使身心逐渐恢复到正常状态。如果是集体练习,可以一边放松,一边与拳友沟通思想,交流练拳体会,这对于提高太极拳的练习质量会有很好的效果。

三、科学安排运动强度

虽然太极拳运动属于中等强度的有氧运动,但是由于我们在练习过程中采取不同流派的拳式和不同高低的拳架,其运动的强度也是不同的。而这也恰恰给练习者提供了更多的锻炼选择,有所侧重地来控制运动强度。那么,练习者如何控制心率,掌握运动强度呢? 这里向大家介绍一种控制心率的有效方法。

第一步,要学会自己把脉,并记住安静时的脉搏数。例如,可以在颈部、腕部或是直接在胸部摸到自己的心跳,然后数 15 秒,再乘以 4,这样就可以知道自己安静时的心率。

第二步,按年龄计算出最高心率。计算公式是:

最高心率＝220－年龄

(以 50 岁的练习者为例,其最高心率为 220－50＝170)

第三步,确定运动时的有效心率范围。对于普通太极拳练习者来讲,最高心率的 60%～85% 是有效的心率范围。仍以 50 岁的练习者为例,心率的 60%～85% 为 102～145 次/分。这就是说,在太极拳练习中,如果心率低于 102 次/分,则锻炼的效果就没达到,而如果心率高于 145 次/分,则说明锻炼的强度大了,对于锻炼者来说不安全。因此,心率控制在 102～145 次/分是较适宜的。

美国运动医学学会认为:对于健康的成年人来讲,要使心血管系统得到锻炼,达到增强体质的目的,进行练习的强度最低应为本人最大摄氧量的 50%,心率应达到 130～135 次/分。按这个标准来衡量,进行太极拳锻炼时,其强度是合适的。它既达到了锻炼身体的目的,又符合中老年人的身体条件。因此,可以说太极拳运动提供的运动强度范围还是比较大的。它不仅适合老年人进行练习,而且适合中青年进行锻炼,是一项非常好的全民健身运动项目。

第五章　太极拳基本功

第一节　太极拳基本动作

太极拳基本动作包括手型、手法、步型、步法、腿法、身法,太极拳基本动作要求不拘不僵,其动作以各种弧形、曲线构成,运动时要避免直来直去,依靠腰脊带动四肢进行活动,以腰为轴,才能使手法、步法、腿法、身法变转圆活,动作轻灵顺遂。掌握太极拳的基本动作是初学者的基本功。

一、基本手型与手法

（一）基本手型

练好太极拳首先要了解太极拳的基本手型及具体要求。太极拳要求劲力"运之于掌、通之于指",手是传感器,听劲、化劲、发劲都要通过手。太极拳的基本手型主要有拳、掌、勾三种。

（1）拳:四指卷曲握拢,拇指扣压于食指和中指的第二关节上,拳面要平,拳不宜握得太紧,拳有拳心、拳背、拳眼和拳面(见图 5-1)。

图 5-1

（2）掌：五指自然舒展分开并微屈，虎口成圆形，掌心微含。掌微伸，指微屈，指缝稍离（见图5-2）。

图5-2

（3）勾：五指指尖捏拢，第一指关节自然捏拢，屈腕，勾尖朝下，手指与腕部松活自然，手心圆空，手向内勾，腕部自然凸起，但不要用力。勾法有2种：一种以拇指、食指相捏，其余指相合（见图5-3）；另一种拇指、食指相捏，其余三指松松拢住（见图5-4）。

图5-3　　　　　　　　　　　图5-4

（二）基本手法

太极拳要求劲力"意由心生，起于地面，转换在腰，运之于掌，通之于指，形于手指"，演练中手法的细腻程度，传达着精气神。实战中，手法的娴熟运用，决定了成败。太极拳八法中有掤、捋、挤、按、采、挒、肘、靠，前六法直接以手法完成。可见手法的重要性，即要有正确的手法作为基础。下面介绍基本手法：

（1）掤：如图 5-5 所示为预备式，右脚上步，右臂由下向前掤架，横于体前，掌心向内，高与肩平，着力点在前臂外侧（见图 5-6）。

图 5-5　　　　　　　　　　图 5-6

（2）捋：如图 5-6 所示为预备式，右掌前送，两臂稍屈，掌心斜向对，两掌随腰转动，由前向后划弧，捋至体后侧（见图 5-7 至图 5-9）。

图 5-7　　　　　　　　　　图 5-8

图 5-9

（3）挤：如图 5－9 所示为预备式，右手贴近左手的前臂内侧，两臂同时向前挤出；挤出后两臂撑圆，高不过肩，低不过胸，着力点在后手掌和前手的前臂（见图 5－10、图 5－11）。

图 5－10

图 5－11

（4）按：两掌回收下落至腹前，同时由腹前向前推按；按出后，手腕高不过肩，低不过胸，掌心向前，指尖朝上；臂稍屈，肘部松沉。按时与弓腿、松腰协调一致（见图 5－12 至图 5－15）。

图 5－12

图 5－13

图 5－14　　　　　　　　　　　图 5－15

（5）推掌：掌从腰间或胸前向前推出，掌心向前，指尖向上，指高不过眉，低不过肩，臂微屈成弧形，肘部不可僵硬（见图 5－16、图 5－17）。

图 5－16　　　　　　　　　　　图 5－17

（6）架掌：屈臂上举，掌架于额前斜上方，掌心斜向外（见图 5－18）。

图 5－18

（7）穿掌：掌沿另一手臂或大腿内侧伸出（见图 5－19 至图 5－21）。

图 5－19   图 5－20

图 5－21

（8）搬拳：拳从上向前搬打；拳心斜向上，着力点在背上（见图 5－22 至图 5－24）。

图 5－22   图 5－23

图 5－24

（9）打拳（冲拳）：拳从腰间旋转向前打出；打出后，拳心向下，高不过肩，低不过裆，臂微屈，肘部不可僵硬，着力点在拳面上（见图 5－25、图 5－26）。

图 5－25　　　　　　　　　图 5－26

（10）云手：两掌在体前交叉向两侧划立圆，指高不过头，低不过裆；两掌在云拨中翻转拧裹（见图 5－27、图 5－28）。

图 5 - 27   图 5 - 28

要点:以上各种手法均要求弧形路线,前臂作相应的旋转,不可直来直往,生硬转折,并注意与身法、步伐协调配合完成。

二、基本步型与步法

(一) 基本步型

(1) 弓步:前腿弯曲后腿蹬直,大腿斜向地面,膝与脚尖基本垂直,脚尖直向前;后腿自然伸直,脚尖斜向前 45 度至 60 度。两脚全脚掌着地(见图 5 - 29)。

图 5 - 29

(2) 马步:两足平行开立稍比肩宽,也可三脚宽,身体屈膝下坐半蹲式,大腿高于水平面,两膝不超过足尖,臀要高于膝,松腰松胯,上体要直,此式在太极拳中用处不多,仅在起势、收势、金刚捣碓等动作中应用

（见图 5－30）。

图 5－30

（3）虚步：两脚前后开立，右脚外展 45 度，后腿屈蹲，大腿斜向地面（高于水平），脚跟与臀部基本垂直，脚尖斜向前，全脚着地；前腿稍屈，用脚前掌、脚跟或全脚着地（见图 5－31）。

图 5－31

（4）仆步：两脚左右开立，左腿屈膝全蹲，大腿和小腿靠紧，臀部接近小腿，全脚着地，脚尖和膝关节外展；右腿自伸直于体侧，脚尖里扣，全脚着地（见图 5－32）。

图 5-32

（5）歇步：两腿交叉靠拢全蹲，左脚全脚着地，脚尖外展；右脚前脚掌着地，膝部贴近左腿外侧，臀部接于右脚跟处。向前方平视（见图 5-33）。

图 5-33

（6）横裆步：两脚左右开立，同弓步宽，脚尖向前；一腿屈蹲，膝与脚尖垂直，另一腿自然伸直（见图 5-34）。

图 5-34

（7）丁字步：两脚成丁字形站立，一脚全脚掌着地，另一脚脚跟提起，前脚掌虚点地面（见图 5－35）。

图 5－35

（8）开立步：两脚平行开立，宽不过肩，两腿直立或屈蹲（见图 5－36）。

图 5－36

（9）独立步：支撑腿微屈站稳，另一腿在体前屈膝提起，高于腰部，小腿自然下垂（见图 5－37）。

图 5－37

要点：各种步型都要自然稳健，虚实分明。胯要缩，膝要松，臀要敛，足要扣。两脚距离不可过大或过小，并保持适当的距离，尤其拗步步型，两脚不要踩在一条线上，以利于松腰松胯、气沉丹田、稳定重心。太极拳基本步型的高低根据练习者的条件和需要因人而异。

（二）基本步法

（1）进步：由开立步起，两腿微屈，右脚外撇，两手背于身后（见图 5－38），左脚经右脚内侧向前迈出，脚跟先着地（见图 5－39），重心前移，左脚踏实，成左弓步（见图 5－40）。重心后移，左脚尖外撇（见图 5－41），重心前移，右脚经左脚内侧（见图 5－42），再向前迈出，脚跟先着地（见图5－43），重心前移，成右弓步（见图 5－44）。重复进行练习。

图 5－38   图 5－39

图 5－40

图 5－41

图 5－42

图 5－43

图 5－44

要点：迈步时由脚跟先着地，随重心前移慢慢过渡到前脚掌着地。

（2）退步：虚步站立，两手背于身后（见图 5－45），左脚提至右脚内侧（见图 5－46），向左后退，由前脚掌先落地（见图 5－47），随重心慢慢后移过渡到全脚掌着地，成右虚步（见图 5－48）。然后右脚提起经左脚内侧向右后退。由前脚掌先落地，随重心慢慢后移过渡到全脚掌着地，成左虚步。重复进行练习。

图 5－45

图 5－46

图 5－47

图 5－48

　　要点:退步时脚尖略外撇,前脚以前脚掌为轴转正。退步时的运动轨迹不是一条直线。

　　(3) 跟步:左弓步势(见图 5－49),后脚向前跟进半步(见图 5－50)。

图 5－49

图 5－50

要点：重心不后移，跟步的同时重心前移。

（4）侧行步：开步站立，两腿微屈（见图5-51），左脚向左横移一步（见图5-52）。重心由右向中间（见图5-53）、向左移（见图5-54），右脚向左脚内侧跟进一步，前脚掌先着地，然后过渡到全脚掌着地（见图5-55）。重复进行练习。

图5-51

图5-52

图5-53

图5-54

图5-55

要点:两腿先保持一定的微曲状,向一侧移步后再移动身体重心。

步法要点:各种步法变换要求轻灵沉稳,进退转换时虚实要分明。前进时,前脚跟先落地;后退时,前脚掌先落地;迈步如猫行,落步要稳健。注意两脚之间的前后和横向距离要适当,脚掌或脚跟辗转要适度,以利重心的稳定,姿势和顺。伸直腿要自然,膝部不可挺直。这样既能达到平衡稳定,又能转换轻灵。

三、基本腿法

太极拳的腿法分为明腿、暗腿两种。暗腿隐含在身法和步法中。明腿有三种,即蹬脚、分脚、拍脚,简单实用,对练习者的柔韧性、平衡性要求非常高,称为"太极拳老三腿"。下面具体介绍太极拳明腿。

（1）蹬脚:支撑腿微屈站稳,另一腿屈膝提起（见图5-56）,小腿上摆,脚尖回勾,脚跟向外蹬出,腿自然伸直,高过腰部（见图5-57）。

图 5-56　　　　　　　　　图 5-57

（2）分脚:一腿支撑,微屈站稳,另一脚屈膝抬起（见图5-58）,然后小腿上摆,腿伸直,脚面绷平,脚尖向前,高过腰部（见图5-59）。

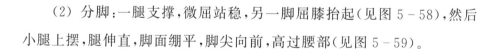

图 5－58

图 5－59

（3）拍脚：左腿支撑，微屈站稳，右脚脚尖点地，两手交叉合抱（见图 5－60），另一腿向上摆踢，脚面绷直，右手掌在肩前拍击脚面（见图 5－61）。

图 5－60

图 5－61

（4）蹬一根：属于陈氏太极拳的腿法。预备式为丁步下蹲，两拳交叉于体前（见图 5－62），脚面勾起里扣，以脚掌外侧向身侧踹蹬（见图 5－63）。

图 5-62   图 5-63

四、基本身型与身法

太极拳身法是指头、肩、胸、臀、腰五个部位,在太极拳运动中,以腰胯运转和胸背折叠为主导,带动四肢和周身运动的方法,在太极拳中起到了至关重要的作用。手法和步法,皆是由身法带动的,动作外形是否到位,内在劲路是否畅达,皆由身法决定。

(一) 基本身型

(1) 头——保持"虚领顶劲",头正顶平,即上悬,不可歪斜摇摆,眼要自然平视,嘴要微闭,舌抵上颚。

(2) 颈——自然竖直,颈椎放松,转动灵活,不滞不僵。

(3) 肩——保持松沉,受对方力时,能随势转动,能滚、压、挤、靠、弹抖、化打。

(4) 肘——自然弯曲下垂,保持一定的曲线。受对方力时,能随意屈伸,旋转自如,变化多端,能滚、压、挤、靠、缠、拿、挫、削、拉、提、弹抖、化打。

(5) 腕——下沉"塌腕",劲力贯注,不可松软。

(6) 胸——舒松微含,外部能开能合,内气能升能降,中丹田能膨胀、收缩自如,与上下丹田完整一气,配合一致。

(7) 背——舒展伸拔,称为"拔背",不可驼背。

（8）腰——自然松垂以蓄劲，发劲时拔背，命门后撑，圆腰。肚脐、小腹、命门外凸，尾骨与大椎骨上下呈一直线，形成相拔之势。注意，要使腰部膨胀、收缩，开合自如，不可憋气。

（9）脊——舒展伸拔，使脊柱关节屈伸自如，百会与会阴中正竖直，保持身型端正自然，不可晃动摇摆。

（10）臀——不能后翘，要内敛，只有在技击时，或贴近对方身体，需要进行背摔、靠击时，才能突出，即突即收。

（11）胯——保持松、活、正、沉，大腿根凹处内含，时刻留意中正。

（12）膝——伸直自然柔顺，保持上下一条线，做到外三合。手、肘、肩、胯、膝、脚尖保持在一个方向叫作顺势。手与足、肘与膝、肩与胯上下保持一条垂线，叫作"外三合"。

（13）脚——十趾微屈，抓地而立，着地时必须脚跟、脚尖虚实分明，随重心进行调整变换。

（二）基本身法

1. 虚领顶劲

头颈似向上提升，并保持正直，要松而不僵可转动，劲正直了，身体的重心就能保持稳定。

2. 含胸拔背

含胸就是把胸廓向内收敛。练习太极拳的过程中，最忌讳挺胸和压胸，挺胸容易使躯干变得僵硬，使气体上升，而压胸则容易引起闭气，这两种情况都不符合太极拳练习的呼吸方法。只有含胸，才可以做到既使重心下降，又使肺脏、横膈活动加强。含胸与拔背是相互联系的，要含胸就必须拔背。拔背就是用头将背微微提起。有了"虚领顶劲"，背部自然就会被提起，使脊柱垂直，保证中枢神经的安定。做好了"虚领顶劲"与"含胸拔背"，可以让全身都感受到轻松利落。

3. 沉肩坠肘

"沉肩坠肘"与"含胸拔背"是相互联系的。如果不把肩沉下去,那么胸部以上就会受到束缚。坠肘也非常重要,如果肘不坠下,那么动作就会迟缓,两肋就会失去保护。"沉肩坠肘"时,两臂由于肩、肘的下坠会有一种沉重的内劲感觉,这就是上肢内在的劲道。两肩除了下沉之外,还要有微向前合抱的意识,这样能够让胸部完全含虚,脊背形成圆形。两肘除了下坠之外,还要有一些稍微向里的裹劲。这样的"沉肩坠肘",才能使劲力传到上肢手臂。

4. 松腰敛臀

在练习太极拳的过程中,腰是最重要的部位,松腰就是要求腰部要放松,使身体动作运转轻灵。松腰不仅有助于沉气和稳固下肢,更重要的是,它对动作的进退旋转,以及躯干带动四肢的活动及动作的完整性,起着主导作用。它还关系着身体下部的着力,不至于产生头重脚轻的感觉。敛臀要求要尽量放松臀部肌肉,使臀肌稍稍向前,向内收敛,这一点很重要,因为突臀会给松腰造成障碍。

5. 裹裆含腚

"裹"就是包起来的意思,裹裆就是大腿肌肉由外向里包裹。含腚就是要求臀部不要翘起来,肛门自然向上提。"裹裆含腚"就是要求练习者的臀部不能向外突出,要向内收缩,与脊椎保持在同一条线上。

6. 尾闾中正

"尾闾中正"关系到身躯和动作姿势能否做到"中正安舒""支撑八面"。因此,在太极拳运动中特别重视"尾闾中正",无论是直的还是斜的动作姿势,都必须保证尾闾与脊椎成一条直线,处于中正的状态。更重要的是"尾闾中正"还影响到下肢的稳定性。可以说,"尾闾中正"是"虚领顶劲"的延续动作,只要"虚领顶劲"做好了,脊椎自然会正。做到了

"虚领顶劲"和"尾闾中正",就能使全身处于一种兴奋的状态。

7. 气沉丹田

"气沉丹田"就是"意注丹田"。用意识引导呼吸,将气缓缓地送到腹部脐下,形成腹式呼吸。这种呼吸方法能促使呼吸饱满,精神振奋。太极拳运动时,一般采用腹式呼吸,一呼一吸结合得非常密切,在一个动作里,往往就伴随着一呼一吸,而不是一个动作固定一吸或者一呼,这样呼吸和动作实现自然的协调统一,可以达到太极拳"身动、心静、气敛、神舒"的境界。

第二节　太极拳桩功

太极拳桩功是一种静站的练习方式,是端正身姿、协调身心关系的一种练习方法,让全身肌肉保持静态的紧张,在放松与忘我的情况下,肌肉自然地一张一弛,达到意志力集中、身心平衡的目的。桩功对培养体力、定力与意志力都十分有益。习练者在站桩中,通过思维意识的运用,而进入意识相对的静止状态,从中实现人体的阴阳平衡、疏通经络、调和气血、补养元气,达到固本培元的目的。桩功作为太极拳的高级功法,对于增长功力,体会太极拳特有的劲力,起到了至关重要的作用,到了太极拳的高级阶段,桩功的修炼时间应该超过套路的练习时间。

（一）无极桩

无极桩也称自然桩,是太极拳修炼的重要桩法之一,被历代拳家认为是太极拳的根基。

方法:两脚并拢直立,两臂自然下垂,两手轻贴大腿外侧(见图 5-64、图 5-65)。

图 5－64 　　　　　　　　　图 5－65

要点:虚领顶劲,下颚微收,含胸拔背,沉肩垂肘,精神集中,呼吸自然,眼向前平视,可眼睛微闭站桩。

(二) 太极桩

在很多的门派中都有太极桩之名,然而,名虽相同,实质内容却各有所别。太极桩一般强调:在站桩过程中,要调身形,使肢体放松,消除体内僵硬之劲。

方法:左脚开步站立,两膝微屈,与肩同宽,两手手心向内,在胸前成抱球状(见图 5－66、图 5－67)。

图 5－66 　　　　　　　　　图 5－67

（三）开合桩

开合桩是练习气感和无意念力的一种关键桩功,在太极桩功体系中占有重要位置。

方法:开步站立,两膝微屈;头颈端正,下颌微内收,口微闭、呼吸自然,两手在腹前,手心对"丹田",慢慢向上、向外拉开,如抱一大球状,然后慢慢收回腹前呈抱球状。可反复数次(见图 5－68、图 5－69)。

图 5－68　　　　　　　　　　　　　图 5－69

要点:两手始终形成抱球状,向上拉开时配合吸气,向下收回时配合呼气。开吸合呼,起吸落呼。呼吸要深、长、匀、细,动作要柔和、饱满。开时似两手中指指尖系细橡皮筋向外柔缓地拉开,很好地体现"运劲如抽丝";合时好比挤压打足气的大气球一般。

（四）升降桩

升降桩也称阴阳桩,属于太极拳运动中的过程,其动作讲究动态中的平衡,动中求静,首先按照无极桩预备式开始,面对正南,全身放松,上身正直,气沉下丹田,尾闾中正,头似顶悬。

方法:舌抵上腭,站平行步,两腿自然伸直。"升"时两臂慢慢向前平举,与肩同高、同宽,自然伸直,肘微下垂,手心向下,指尖向前。"降"时两腿缓缓屈膝半蹲,两掌同时下按至与腹部同高,两掌与两膝、两脚均相对。

可以往返数次,要心静体松,呼吸自如(见图 5－70 至图 5－72)。

图 5－70

图 5－71

图 5－72

要点:呼吸为升吸降呼,上下肢配合为举臂伸腿,按掌屈膝;太极升降桩力发于脚,由腿而胯而腰脊至两膊,节节贯穿,最后形于手指。

(五) 虚实桩

方法:开步站立,重心慢慢移向右腿,身体微向左转,左脚跟提起,两手向左上方慢慢提起,左脚左前伸,脚跟着地成虚步,两手前后合抱于左前方。左脚轻轻收回,重心慢慢移向左腿,身体微向右转,右脚跟提起,两手下落两胯旁,然后向右上方慢慢提起;右脚右前伸,脚跟着地成虚步,两手前后合抱于右前方,右脚收回。由此反复做若干次(见图 5－73

至图 5 - 77 ）。

图 5 - 73

图 5 - 74

图 5 - 75

图 5 - 76

图 5 - 77

要点：虚步时上体勿前倾或后仰，指尖斜向上，指尖高度与鼻尖同高。

第六章　太极拳套路

第一节　太极八法五步

一、太极八法五步简介

太极八法五步是国家体育总局为了更好地宣传、推广、普及太极拳，弘扬中华优秀传统文化，本着科学化、规范化、简易化的原则，在现有二十四式太极拳的基础上，从各式太极拳中具有共性的、最为核心的"八法五步"技术（即掤、捋、挤、按、采、挒、肘、靠八种"劲法"，以及进、退、顾、盼、定五种"步法"）入手，进行系统的提炼和整理，从而形成的一套具有文化性、健身性和简易性的太极拳普及套路。它动作结构简单，数量合理，内涵丰富，易学易练，是继二十四式简化太极拳之后，国家体育总局推出的又一个更加简化的、较为理想的太极拳入门套路。

（一）动作简单，易学易练

从套路的内容选择来看，太极八法五步的套路动作主要是从二十四式太极拳、四十八式太极拳，以及杨氏太极拳、孙氏太极拳等目前较为普及的太极拳套路中选取掤、捋、挤、按、采、挒、肘、靠八种"劲法"和进、退、顾、盼、定五种"步法"的典型动作编排而成的，既尊重了传统，又体现了创新，解决了传统太极拳套路冗长、动作重复的问题，使其动作内容简洁明了,易学易练,易于普及,也为今后继续学习其他太极拳套路打下了良好的基础。

（二）结构严谨,布局合理

从套路的结构布局来看,太极八法五步是由原地站桩式练习和行进间练习两部分组成的,原地动作突出了八法的练习,而行进间动作则是将八法与五步（即"十三势"）进行了有机结合,将传统太极拳"十三势"直观地呈现了出来。整个套路的编排围绕着原地,向前、后、左、右、中定五个方向展开,左右对称,布局合理,并且压缩了练习空间,适合在家中或在办公室中进行练习,具有广泛的适应性,非常适合太极拳的普及推广。

（三）风格突出,锻炼身心

太极八法五步继承了杨氏太极拳大架套路的风格特点,整个套路演练要求动作和顺、呼吸舒畅、速度均匀、刚柔相济、中正圆满、轻灵沉着。在练习过程中十分注重"意、气、形"的整体配合,通过"心静体松"的基本要求,使意识、呼吸和动作三者有机地结合起来,达到强身健体、保健康复的功效,是一项强度适中、适用广泛的全民健身运动项目。

二、太极八法五步动作图解

（一）起势

身体自然站立,左脚向左侧横跨一步,两臂由体侧向前、向上平举,随后屈膝下蹲,两掌慢慢下按。头正颈直,目视前方（见图6-1至图6-4）。

图 6 - 1

图 6 - 2

图 6 - 3

图 6 - 4

要点:强调心静体松。要求身体中正,精神集中。通过起势把身心调整到最佳练拳状态。

(二) 左掤势

身体右转,右手向上画弧至胸前,左手收至腹前,两掌心相对成抱球状;随后身体左转,左臂向前掤出,右手下按至右胯旁;目视前方(见图 6 - 5、图 6 - 6)。

图 6 - 5

图 6 - 6

要点:掤在手臂。此劲是两手臂掤圆有向上、向外之力,为"八劲"之本,犹如打足气的球体,混元一气,不可太瘪,亦不可太足。

（三）右捋势

身体右转,两掌旋臂翻掌,以腰带臂,向下、向外画弧捋带;目视右侧（见图 6 - 7、图 6 - 8）。

图 6 - 7

图 6 - 8

要点:捋在掌心。此劲是两手向侧面的引化力,使对方失去重心。三分向下、七分向后。以腰带臂,向外捋带。

（四）左挤势

身体左转,两掌相叠收至胸前,随后向前横挤,左手在外,左掌心朝内,右掌心朝外;目视前方(见图6-9)。

图 6-9

要点:挤在手背。此劲是用手臂向前的推挤之力。以前臂挤击对方,有压迫之意,使其失去运化余地。两掌相叠,向前横挤。

(五)双按势

两掌翻掌分开,掌心向下,随后两掌由前向后、向下、向前画弧按推;目视前方(见图6-10、图6-11)。

图 6-10

图 6-11

要点:按在腰攻。此劲是防守化解之法,可将对方来势之力阻截,并引而向下,再向前推击。腰部用力,两掌按推。

（六）　右采势

身体右转，两掌变拳，随转体向下抓握采拉；目视右下方（见图 6－12）。

图 6－12

要点：采在手指。此劲是以两手抓住对方手腕或肘部向下、向后下沉之力。两手抓握，向下发力。

（七）　左挒势

身体左转，两拳变掌，随转体向前、向左横向挒带，右掌心朝上，左掌心朝外；目视前方（见图 6－13）。

图 6－13

要点：挒在两肱。此劲是以两臂向左右、上下挡开对方之力。两臂旋带，横向发力。

（八）左肘势

身体右转，左手变拳屈臂，用左肘向前方撞击，右手附于左臂外侧；目视前方（见图 6 - 14）。

图 6 - 14

要点：肘在屈使。此劲是以肘击人之力，在近身时用腰腿之劲加以意气使用。左臂屈使，以肘撞击。

（九）右靠势

身体左转，右手变拳，屈臂撑圆，用右肩臂向前靠击，左拳变掌收至右肩旁；目视前方（见图 6 - 15）。

图 6 - 15

要点:靠在肩胸。此劲是以肩、胸、背、臂等身体部位击打之力,贴身时用腰腿之劲加以意气使用。右臂撑圆,肩臂靠击。

（十）右掤势

身体左转,左手向上画弧至胸前,右手收至腹前,两掌心相对呈抱球状;随后身体右转,右臂向前掤出,左手下按至左胯旁;目视前方(见图 6－16、图 6－17)。

图 6－16　　　　　　　　　　图 6－17

要点:掤在手臂。此劲是两手臂掤圆有向上、向外之力,为"八劲"之本。犹如打足气的球体,混元一气,不可太瘪,亦不可太足。

（十一）左捋势

身体右转、两掌旋臂翻掌,以腰带臂向下、向外画弧捋带;目视左侧(见图 6－18)。

图 6－18

要点:捋在掌心。此劲是两手向侧面的引化力,使对方失去重心。三分向下、七分向后。以腰带臂,向外捋带。

（十二） 右挤势

身体右转,两掌相叠收至胸前,随后向前横挤,右手在外,右掌心朝内,左掌心朝外;目视前方(见图 6－19、图 6－20)。

图 6－19

图 6－20

要点:挤在手背。此劲是用手臂向前的推挤之力。以前臂挤击对方,有压迫之意,使其失去运化余地。两掌相叠,向前横挤。

（十三） 双按势

两掌翻掌分开,掌心向下,随后两掌由前向后、向下、向前画弧按推;

目视前方(见图 6 - 21、图 6 - 22)。

图 6 - 21　　　　　　　　　　图 6 - 22

要点:按在腰攻。此劲是防守化解之法,可将对方来势之力阻截,并引而向下,再向前推击。腰部用力,两掌按推。

(十四)　左采势

身体左转,两掌变拳,随转体向下抓握采拉;目视左下方(见图 6 - 23)。

图 6 - 23

要点:采在手指。此劲是以两手抓住对方手腕或肘部向下、向后下沉之力。两手抓握,向下发力。

（十五）右捌势

身体右转，两拳变掌，随转体向前、向右横向捌带，左掌心朝上，右掌心朝外；目视前方（见图6-24）。

图 6-24

要点：捌在两肱。此劲是以两臂向左右、上下挡开对方之力。两臂旋带，横向发力。

（十六）右肘势

身体左转，右手变拳屈臂，用右肘向前方撞击，左手附于右臂外侧；目视前方（见图6-25）。

图 6-25

要点：肘在屈使。此劲是以肘击人之力，在近身时用腰腿之劲加以意气使用。右臂屈使，以肘撞击。

（十七）左靠势

身体右转，左手变拳，屈臂撑圆，用左肩臂向前靠击，右拳变掌收至左肩旁；目视前方（见图 6－26）。

图 6－26

要点：靠在肩胸。此劲是以肩、胸、背、臂等身体部位击打之力，贴身时用腰腿之劲加以意气使用。左臂撑圆，肩臂靠击。

（十八）进步左右掤势

身体右转，收左脚，同时两掌画弧收于胸腹前成抱球状；左脚向前上步成左弓步，并随重心前移，左臂由下向前掤出，右手下按至右胯旁；目视前方。右掤势动作与左掤势动作完全相同，惟方向相反（见图 6－27 至图 6－32）。

图 6－27

图 6－28

图 6－29　　　　　　　　　　　图 6－30

图 6－31　　　　　　　　　　　图 6－32

要点:步法移动要平稳,手臂前掤要撑圆,上下肢协调一致。通过进步的腰腿劲把掤劲向上、向外之力发挥出来。

（十九）退步左右捋势

重心后移,身体左转,以腰带臂,两掌向下、向左画弧捋带;目视左侧。右捋势动作与左捋势动作完全相同,惟方向相反(见图 6－33、图 6－34)。

图 6－33　　　　　　　　　　　图 6－34

要点:身体要中正,重心后移与下将要一致。通过退步的腰腿劲把将劲向下、向后、向外的侧向引化力发挥出来。

(二十)　左移步左挤势

重心移至右腿,左脚向左横移步,脚掌着地,随后重心移至左腿,右脚跟步震脚,两掌相叠经胸前向左侧横挤发力,左手在外,掌心朝内;目视左侧(见图 6－35、图 6－36)。

图 6－35　　　　　　　　　　　图 6－36

要点:身体转动要充分,并步震脚与左挤势发力要一致。通过横移步的腰腿劲把挤劲向前的推掷之力发挥出来。

（二十一）左移步双按势

左脚向左横移步，脚跟着地，随后重心移至左腿，身体左转，右脚跟步，脚掌着地，同时两掌由展开随转体经胸向前按出；目视前方（见图 6－37、图 6－38）。

图 6－37　　　　　　　　　　　　　图 6－38

要点：身体转动要充分，转身与双按掌要一致。通过横移步的腰腿劲把双按势的引按之力发挥出来。

（二十二）右移步右挤势

左脚扣脚，右脚向右横移步，脚掌着地，随后重心移至右腿，左脚跟步震脚，同时两掌相叠经胸前向右侧横挤发力，右手在外，掌心朝内；目视右侧（见图 6－39 至图 6－41）。

图 6-39

图 6-40

图 6-41

要点:身体转动要充分,并步震脚与右挤势发力要一致。通过横移步的腰腿劲把挤劲向前的推掷之力发挥出来。

(二十三) 右移步双按势

右脚向右横移步,脚跟着地,随后重心移至右腿,身体右转,左脚跟步,脚掌着地,同时两掌由展开随转体经胸向前按出;目视前方(见图 6-42、图 6-43)。

图 6 - 42

图 6 - 43

要点:身体转动要充分,转身与双按掌要一致。通过横移步的腰腿劲把双按势的引按之力发挥出来。

(二十四) 退步左右采势

重心移至左脚,右脚扣脚,身体左转,随后左脚向后撤步,同时随重心后移,两掌变拳由前向下采拉;目视前下方。右采势动作与左采势动作完全相同。惟方向相反(见图 6 - 44 至图 6 - 46)。

图 6 - 44

图 6 - 45

图 6 - 46

要点:退步时身体移动要中正平稳,重心后移与两手抓握下采要一致。通过退步的腰腿劲把左右采势抓握向下、向后下沉之力发挥出来。

(二十五) 进步左右捌势

左脚摆脚,两腿交叉,身体左转,两拳变掌向左侧捌带,右掌心朝上,左掌心朝外;目视前方。右捌势动作与左捌势动作完全相同,但方向相反(见图 6 - 47、图 6 - 48)。

图 6 - 47

图 6 - 48

要点:左右转体重心要稳,身体转体与左右捌势要一致。通过进步的腰腿劲把左右捌势向左右挡开对方之力发挥出来。

(二十六) 右移步右肘势

左脚向前并步,身体右转,右脚上步,随后右脚扣脚,左脚跟步震脚,右掌变拳,屈臂用右肘向右侧撞击发力,左掌向右侧画弧,附于右臂外侧;目视右侧(见图 6 - 49 至图 6 - 51)。

图 6 - 49

图 6 - 50

图 6 - 51

要点:并步与右肘撞击要协调一致。通过横移步的腰腿劲把右肘势的撞击之力发挥出来。

(二十七)右移步右靠势

右脚向右横移步,成半马步,右臂撑圆,用右肩臂之力向外靠击,左掌附于右肩前方;目视右前方(见图 6 - 52)。

图 6‐52

要点:半马步与右靠势要协调一致。通过横移步的腰腿劲把右靠势的靠击之力发挥出来。

（二十八）左移步左肘势

重心移至左脚,右脚扣脚,身体左转,左脚脚跟辗转后扣脚,随后右脚跟步震脚,左掌变拳,屈臂用左肘向左侧撞击发力,右掌向左侧画弧,附于左臂外侧;目视左侧(见图 6‐53、图 6‐54)。

图 6‐53

图 6‐54

要点:并步与左肘撞击要协调一致。通过横移步的腰腿劲把左肘势的撞击之力发挥出来。

（二十九）左移步左靠势

左脚向左横移步，成半马步，左臂撑圆，用左肩臂之力向外靠击，右掌附于左肩前方；目视左前方（见图6－55）。

图6－55

要点：半马步与左靠势要协调一致。通过横移步的腰腿劲把左靠势的靠击之力发挥出来。

（三十）中定左右独立势

左脚扣脚，右脚收半步，重心移至右腿，左脚提起成独立势，左拳变掌，由体侧向上挑掌，右掌按于右胯旁，目视前方。左独立势动作与右独立势动作完全相同，惟方向相反（见图6－56至图6－58）。

图6－56

图6－57

图 6－58

要点:独立势要稳定,与挑掌要协调一致。通过独立势将膝顶肘击的力发挥出来。

（三十一）十字手

右脚下落,两脚自然开立,两掌相叠合于胸前,右手在外,两掌心均朝内;目视前方(见图 6－59)。

图 6－59

要点:沉肩垂肘,松腰松胯。通过十字手将两掌向前、向上架开对方之力发挥出来。

（三十二）收势

两掌翻掌分开，随身体慢慢立起，缓缓下落。随后左脚收至右脚内侧，成并步站立；目视前方（见图 6 - 60 至图 6 - 62）。

图 6 - 60　　　　　　　　　　图 6 - 61

图 6 - 62

要点：身体中正，意识内敛。通过收势把身心调整到练拳前的自然状态。

（请关注上海中医药大学体育部网站，欣赏太极八法五步全套演示，网址：https://tyb.shutcm.edu.cn/2023/0826/c3467a154721/page.htm）

第二节　二十二式太极拳

一、二十二式太极拳概述

二十二式太极拳是本书编委会根据学生群体的身心发展特征,在传统杨氏太极拳的基础上创编而成的,汲取了传统杨氏太极拳的经典动作,尽管只有 22 个动作,但相比传统的太极拳套路来讲,其内容更显精练,动作更加规范,充分体现了太极拳的开合、起落、进退、虚实等运动特点,并且简单易学,能满足学生群体学习太极拳的需求。

二、二十二太极拳动作图解

(一)起势

身体自然直立。左脚向左开步,与肩同宽,脚尖向前,两臂自然下垂,两手放在大腿外侧;眼看前方(见图 6－63 至图 6－65)。

图 6－63

图 6－64

图 6－65

两臂徐徐向前平举;两掌高与肩平,与肩同宽,掌心向下(见图 6－66)。两肘下沉,自然地带动两掌慢慢向下按至大腿外侧,掌指向前,掌心向下;眼看前方(见图 6－67)。

图 6－66　　　　　　　　图 6－67

要点:两臂前平举时,动作要轻缓,不可紧张用力,两肘下沉带动两掌下按至大腿外侧时,要求"坠肘""坐腕"。

(二)　揽雀尾

(1) 上体微左转,左脚尖外撇,重心左移;右脚掌着地,脚跟提起,同时左掌举至左胸前,屈肘,掌心向下,右掌外旋收至腹前,掌心斜向上;眼看左前方(见图 6－68、图 6－69)。

图 6－68　　　　　　　　图 6－69

(2) 右腿屈膝提起,随即向右前方迈步,脚后跟着地,然后全脚踏实,右腿屈膝侧弓,左腿伸直,成右弓步,右掌向右前方掤出,右掌与右前臂高与肩平,掌心向里;左掌弧形按于左胯旁,掌心向下;眼看左前方(见图 6‑70 至图 6‑73)。

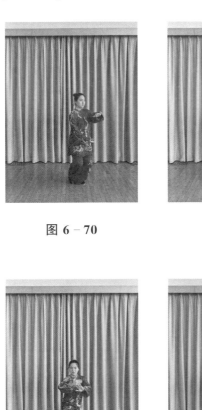

图 6‑70　　　　　　　　图 6‑71

图 6‑72　　　　　　　　图 6‑73

（3）重心左移,右脚尖内扣踏实,随即重心右移,右腿屈膝侧弓;左腿伸直,脚跟提起;同时右前臂内旋,掌心翻转向下;左前臂外旋,左掌弧形抄抱,右掌在上,左掌在下,两掌心相对,两臂均呈半圆形;眼看右前方(见图 6‑74、6‑75)。重心移于右腿,左腿屈膝提起,随即向左前方迈步,脚跟着地,然后全脚着地,左腿屈膝前弓;右腿伸直,成左弓步,同时身体左转,以左前臂外侧和左掌背向前掤出,高与肩平,掌心向内,右掌置于左前臂下方,掌心向外;眼看前方(见图 6 - 76 至图 6 - 78)。

图 6 - 74　　　　　　　　图 6 - 75

图 6 - 76 　　　　　图 6 - 77　　　　　图 6 - 78

要点:左右臂向外掤时,两肩下沉,两臂均成弧形,要以"柔中寓刚"的劲力徐徐向外掤出,迈步要轻灵,落脚要平稳,身体左右移动要以腰为轴,带动两臂的摆动,掤臂、松腰、沉胯和弓腿须协调一致。

(4)左臂微伸,掌心翻转向下,掌指向前;右掌外旋转腕,使掌心向上,掌指向前,置于左前臂下,同时重心后移,右腿坐实,身体微右转;两掌随转体向下、向右后方弧形捋至右腹侧,两臂弯曲;眼看前方(见图 6－79、图 6－80)。

图 6－79　　　　　　　　　图 6－80

要点:下捋时,两肩下沉,两肘下垂;身体自然中正,两手随坐腰转体下捋,臀部不可凸出。重心后移,屈膝、松腰、转体和两手下捋须协调一致。

(5) 上体微右转,左掌臂屈举于胸前,掌心向里,右掌扶于左前臂内侧,掌心向外,同时重心前移,左腿屈膝前弓,右腿伸直成左弓步,随即以左前臂外侧为力点,向前徐徐挤出,右掌扶于左前臂内侧,高于胸平;眼看前方(见图 6－81、图 6－82)。

图 6－81　　　　　　　图 6－82

要点:向前挤时,上体微前倾,挤的动作要与松腰、沉胯、弓腿协调一致。

(6) 右掌沿左掌背弧形向前、向右平抹挤,左掌向前伸出,随即翻转掌心向下,两臂与胸同高,重心后移,坐实右腿,左腿微直;两掌回收于胸前,掌心向前下方,掌指向前上方,眼看前方(见图 6－83、图 6－84)。重心前移,左腿屈膝前弓,右腿伸直成左弓步;同时两掌向前按出,掌心向前,掌指向上;两臂微屈,两肘下垂;眼看前方(见图 6－85、图 6－86)。

图 6－83　　　　　　　图 6－84

图 6 - 85　　　　　　图 6 - 86

要点:向前按出时,上体微前倾,两手应随着松腰、沉髋、弓腿向下、向前徐徐按出,沉肩垂肘。揽雀尾的整个动作均以腰为轴,两臂的运行要圆活自然,腿部的前弓后坐要稳健,迈步要轻灵平稳。在做掤、捋、挤、按动作时,两脚掌不可随意扭动。

(三) 白鹤亮翅

左手翻转向下,右掌向右划弧至右腹前与左掌相抱,两掌心相对,同时右脚微向前左脚跟半步,身体重心稳于右腿;左脚向右脚前迈步,脚尖点地,成左虚步,右掌向右、向上弧形举至头的右上方,掌心向外;左手按于左胯旁,掌心向下,掌指向前;眼看前方(见图 6 - 87 至图 6 - 89)。

图 6 - 87   图 6 - 88   图 6 - 89

要点:在定势时胸部不可前挺,两臂上下均要保持半圆形。重心后移,右掌弧形上提与左掌下按要协调一致。

(四) 搂膝拗步

(1) 右掌由上向前、向下弧形运转至左侧后方,掌心斜向上,身体左转,左掌由下向右上弧形运转至右胸前,掌心斜向后(见图 6 - 90、图 6 - 91)。

图 6 - 90   图 6 - 91

(2) 上体右转,左腿屈膝提起,随即向前迈步,脚跟着地,然后全脚踏实;左腿屈膝前弓,右腿伸直,成左弓步,同时左掌向下、向左弧形搂至左膝外侧,掌心向下,掌指向前,右掌由右耳侧向前推出,掌心向前,掌指向上;眼看前方(见图6-92至图6-94)。

图6-92　　　　　　图6-93　　　　　　图6-94

(3) 上体左转,重心前移,左脚尖外撇,右脚跟提起,脚掌着地,同时左掌心翻转向上,随即向后侧弧形运转,屈臂,掌心斜向上,右掌随身体左转由前向左后弧形运转至左胸前,掌心斜向后;眼看左侧(见图6-95、图6-96)。身体右转,右腿屈膝提起,随即向前迈步,先脚跟着地,然后全脚踏实;右腿屈膝前弓,左腿伸直,呈右弓步;同时右掌由左向下、向右弧形搂至右膝旁,掌心向下,掌指向前;左掌随转体向前推掌,掌心向前,掌指向上;眼看前方(见图6-97至图6-99)。

图 6 - 95   图 6 - 96

图 6 - 97   图 6 - 98   图 6 - 99

（4）上体右转，右脚尖外撇，重心前移；左脚跟提起，脚掌着地，同时右掌翻转掌心向上、向右后运转至右腰侧，掌心斜向上，左掌回收于右胸前，掌心向右；眼看右侧（见图 6 - 100）。左腿屈膝提起，随即向左前方迈步，先以脚跟着地，然后全脚踏实，左腿屈膝前弓，右腿伸直，呈左弓步，同时身体左转；左掌向下、向左弧形搂至左膝侧，掌心向下，掌指向前，右手由右耳侧向前推出，掌心向前，掌指向上；眼看前方（见图 6 - 101 至图 6 - 103）。

图 6 - 100　　　　　　图 6 - 101

图 6 - 102　　　　　　图 6 - 103

要点：推掌时要沉肩垂肘，坐腕舒指，上体不可前俯后仰，两脚跟的横向距离约 30 厘米；弓步、搂掌与推掌要协调一致。

（五）肘底锤

重心前移，接上式，右脚向左脚后落步；身体微左转，左腿屈膝提起，左脚向前迈步，重心后移于右腿，左脚跟着地，成左虚步，同时左掌从右臂内侧向前穿举，掌心向右，掌指向上，高与鼻平，右掌变拳回收于左肘内侧，拳心向内；眼看前方（见图 6 - 104、图 6 - 105）。

图 6-104   图 6-105

要点:左掌前穿时,身体重心在右腿,迈步和两臂的左右运转与身体左右转动要协调一致。

(六) 倒卷肱

(1) 右拳变掌,掌心翻转向上,随上体右转经腹前由下,向后上方弧形平举,臂微屈,掌心斜向上,左掌随即翻转掌心向上;眼随着转体向后方看(见图 6-106、图 6-107)。

图 6-106   图 6-107

(2) 右臂屈肘,右掌经右耳侧向前推出,掌心向前,掌指向上,左臂屈肘后撤至左肋外侧,掌心向上;同时身体左转,左脚轻轻提起,向左侧后方退一步,脚掌着地,然后慢慢踏实,重心移到左腿上,右脚随转体,以脚掌为轴转正,成右虚步;眼看前方(见图6-108至图6-110)。

图6-108　　　　　　图6-109　　　　　　图6-110

（3）上体微左转,左掌随转体向左后上方弧形平举,掌心向上;眼看左后方(见图6-111)。

图6-111

（4）左臂屈肘,左手经左耳侧向前推出,掌心向前,掌指向上,右掌心翻转向上撤至右肋侧,同时身体右转,右脚轻轻提起,向右侧后方退一步,脚尖着地,然后慢慢踏实,重心移在右脚上;左腿随着转体以脚掌为轴自然转正成左虚步;眼看前方(见图 6-112 至图 6-114)。

图 6-112　　　　　图 6-113　　　　　图 6-114

要点:两掌走弧线,两掌速度一致,避免动作僵硬。

(七)　*左右穿梭*

(1)　上体重心后移,左脚尖内扣踏实,身体向右后方转动,随即重心移于左腿,右腿屈膝提起,随即落地,脚尖外撇,同时右掌向上、向右后上方弧形运转至额前,掌心向下,两掌心相对,两臂均呈半圆形;眼看左前方(见图 6-115 至图 6-117)。

图 6-115　　　　　图 6-116　　　　　图 6-117

（2）重心前移，左腿屈膝提起，左脚向左前方迈步，先以脚跟着地，然后全脚踏实，左腿屈膝前弓，右腿伸直，成左马步，同时左掌向左前方弧形上架至头的左上方，掌心翻转向上，掌指向前，右掌由上向下、向左前方弧形推出，掌心向前，掌指向上；眼看左前方（见图6－118至图6－121）。

图6－118　　　　　　　　　图6－119

图6－120　　　　　　　　　图6－121

（3）上体微右转，重心后移，随即身体左方转动，重心前移，右脚跟提起，右脚尖着地，同时右掌外旋收至腹前，掌心向上，左臂微下落，两掌心相对，两臂均成半圆；眼看左前方（见图6－122至图6－124）。

图 6 - 122　　　　　　图 6 - 123　　　　　　图 6 - 124

（4）右腿屈膝提起，右脚向右前方迈步，脚跟着地，然后全脚踏实，右腿屈膝前弓，左腿伸直，成右弓步，同时右掌向右上弧形架举于头的右上方，掌心向上。掌指向前，左掌向下、向右前方推出，高与胸平，掌心向前，掌指向上，两臂微屈；眼看右前方（见图 6 - 125 至图 6 - 127）。

图 6 - 125　　　　　　图 6 - 126　　　　　　图 6 - 127

要点：上体保持自然中正，左右掌上架举时，不要引肩、耸肩、抬肘，前推动作与松腰、弓腿要协调一致。

（八）野马分鬃

（1）上体微左转，重心后移，随即上体微右转，重心前移，左脚跟提起，左脚掌着地；同时左掌外旋收至腹前，掌心翻转向上，右掌微下落，两掌心相对，两臂均呈半圆形；眼看右前方（见图 6‑128、图 6‑129）。

图 6‑128　　　　　　　图 6‑129

（2）上体左转，左腿屈膝提起，左脚向左前方迈步，脚跟着地，然后全脚踏实，左腿屈膝前弓，右腿伸直，成左弓步；同时左掌向左前方分举，掌心斜向里高与肩平，右掌按于右胯外侧，掌心向下；眼看左前方（见图 6‑130 至图 6‑132）。

图 6‑130　　　　　　图 6‑131　　　　　　图 6‑132

（3）上体微左转，重心前移，右脚跟提起，脚掌着地，同时左臂内旋，掌心翻转向下，高与肩平；右掌微向下移，掌心斜向后；眼看左前方（见图 6-133）。

图 6-133

（4）右腿屈膝提起，右脚向前方迈步，脚跟着地，然后全脚踏实，右腿屈膝前弓，左腿伸直，成右弓步，同时右掌向前分举，掌心向里，高与胸平；左掌按于左胯外侧，掌心向下；眼看前方（见图 6-134 至图 6-136）。

图 6-134　　　　　图 6-135　　　　　图 6-136

要点：上体正直，胸部宽松舒展；两臂分开时要保持弧形，身体转动时要以腰为轴;弓步动作与分手的速度要一致,分手时向上的手臂有向外靠的意念。

（九）云手

（1）上体左转,左掌由下向前、向上弧形向左侧方运转,掌心斜向左下方,掌指向左侧方;右掌向下、向左弧形运转经腹前至左肘内侧,掌心斜向左上,两臂均成半圆形,同时重心移于左腿,右脚向左脚内侧移步,两腿弯曲,成开立步,眼看左侧方（见图6-137至图6-139）。

（2）上体右转,右掌由左向上、向右弧形运转经脸前至右侧方,掌心斜向下,掌指向右侧方,左掌向下、向右弧形运经腹前至右肘内侧,掌心斜向右上,两臂均成半圆形,同时重心移于右腿,左脚向左横开步,脚尖着地,脚跟提起;眼看右侧方（见图6-140至图6-142）。

（3）同（2）解（见图6-143至图6-145）。

（4）同（3）解（见图6-146、图6-147）。

图6-137　　　　　　　图6-138　　　　　　　图6-139

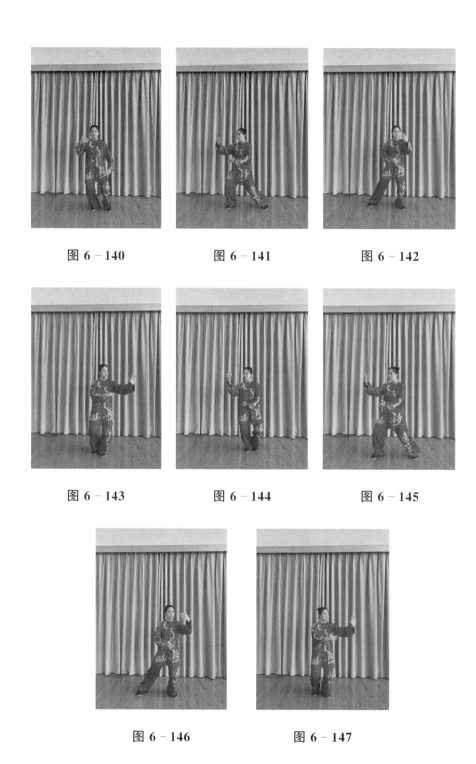

图 6 - 140　　　　　图 6 - 141　　　　　图 6 - 142

图 6 - 143　　　　　图 6 - 144　　　　　图 6 - 145

图 6 - 146　　　　　图 6 - 147

要点:身体转动要以腰为轴,松腰、松胯,不可忽高忽低。两臂随腰的转动而运转,自然圆活,速度缓慢均匀。下肢移动时,保持身体重心稳定。

（十）单鞭

云手重复做五次之后,右掌运转至身体右侧上方时变勾手;左掌运至右臂内侧;身体左转,左腿屈膝提起,左脚向左迈步,脚跟着地,然后全脚踏实;左腿屈膝前弓,右腿伸直,成左弓步;左掌向左侧方推出,掌心向左,掌指向上;眼看左前方(见图 6 - 148 至图 6 - 153)。

图 6 - 148

图 6 - 149

图 6 - 150

图 6 - 151

图 6 - 152

图 6 - 153

要点：上体保持自然中正、平稳，双肩下沉，右肘微下垂。

（十一）高探马

重心前移，右脚向左脚跟半步，随即重心后移；左脚脚尖点地，脚跟提起，成左虚步；同时右勾手变掌，右臂回屈，右掌经右耳侧向前探出，掌心朝下，掌指斜朝左前方；左掌翻转掌心向上，左臂回屈，左掌收于体前，掌心向上；眼看前方（见图 6-154 至图 6-157）。

图 6-154

图 6-155

图 6-156

图 6-157

要点：上身保持自然中正，双肩下沉，右肘微下垂。跟步移换重心时,身体不可起伏。

（十二）右蹬脚

（1）上体左转，左掌由左向前、向右经右臂下向里弧形抹转至右胸前，掌心斜向里；右掌自右向内、向左经左臂上侧弧形前抹，掌心斜向左，随之两掌继续再抹转半圆，两掌交叉，右掌在外；同时左腿屈膝提起，左脚向左前方迈步，脚跟着地，然后全脚踏实；左腿屈膝，右脚跟提起，右脚掌着地；眼看右前方（见图 6 - 158 至图 6 - 162）。

图 6 - 158

图 6 - 159

图 6 - 160

图 6 - 161

图 6 - 162

（2）右腿屈膝提起，向右前蹬出，力达脚跟，脚尖向上，高与胯平；同时两掌向左右弧形分开，掌心向外，掌指向上，腕部高与肩平；眼看右前方（见图6-163、图6-164）。

图 6-163　　　　　　　图 6-164

要点：身体保持正直稳定；蹬脚时，左腿微屈，右臂与右腿须上下相对，分手与蹬腿动作要协调一致。

（十三）双峰贯耳

（1）右腿回屈；左掌翻转掌心向上，由左向前、向右弧形运转至右膝内侧，掌心向上；右掌翻转掌心向上，置右膝外侧，两臂稍屈；眼看右前方（见图6-165）。

图 6-165

（2）右脚向右前方落步，脚跟着地，然后全脚踏实，右腿屈膝前弓，左腿伸直，成右弓步；同时两掌变拳由两侧弧形向右前贯击，两拳眼相对，高与耳平，两臂均成半圆形；眼看右前方（见图6－166至图6－168）。

图6－166　　　　　　图6－167　　　　　　图6－168

要点：完成贯拳后，头颈要自然中正，松腰、松胯，两拳松握，沉肩垂肘，两臂保持弧形。落脚弓步与贯拳要协调一致。

（十四）左分脚

（1）身体重心后移左转，右脚尖内扣，左脚尖外撇，重心移至左腿，同时两拳变掌经两侧向下弧形分开，掌心向下；眼看前下方（见图6－169、图6－170）。

图6－169　　　　　　图6－170

（2）左腿屈膝提起，两掌交叉合抱于胸前，左掌在外，掌心向里；随即两掌，向左右弧形分举，掌心均向外，掌指向上，两腕与肩同高；同时左脚向左侧方分举，脚面自然绷平，腿高与胯平；眼看左侧方（见图 6－171、图 6－172）。

图 6－171   图 6－172

要点：身体要中正稳定，沉肩垂肘，分脚时，右腿微屈，左臂和左腿须上下相对；分掌与分脚动作要协调一致。

（十五）左下势独立

（1）上体微右转，左脚收回平屈，右掌变勾手，左掌向上、向右划弧下落，收至右肩前，掌心斜向后；眼看右手（见图 6－173、图 6－174）。右腿屈膝下蹲，左腿向左侧伸出，成左仆步；左手下落（掌心向外）向左下顺左腿向前穿出；眼看左手（见图 6－175、图 6－176）。

图 6 - 173　　　　　　　　图 6 - 174

图 6 - 175　　　　　　　　图 6 - 176

（2）右脚蹬地，重心前移，左腿屈膝前弓，右腿伸直，成左弓步；同时身体直起，左掌向前穿举，掌指向前，掌心斜向下；眼看前方。重心前移，右腿屈膝提起；同时右勾手变掌由后向下、向前弧形举于体前，臂微屈，掌指向上，掌心向左，右肘与右膝上下相对；左掌由前向下弧形按于左胯旁；眼看前方（见图 6 - 177 至图 6 - 179）。

图 6 - 177　　　　　　图 6 - 178　　　　　　图 6 - 179

要点:下蹲成仆步时,可根据自己的身体条件,屈腿可全蹲或半蹲,两脚全脚掌着地。支撑腿微屈,上体要自然中正。

(十六) 指裆捶

(1) 右脚向前迈步,右脚尖稍外撇;随即重心前移,左脚跟提起,同时右掌向前、向下弧形运至右腰间,掌心向上;左掌由左向前弧形平抹,掌心向下,掌指向前;眼看前方(见图 6 - 180、图 6 - 181)。

图 6 - 180　　　　　　图 6 - 181

(2) 左脚向前迈步,脚跟着地,然后全脚踏实,左腿屈膝前弓,右腿伸直,成左弓步;同时左掌微向左搂按,臂呈半圆,掌心向下,掌指向前;右掌变拳向前下方打出,臂微屈,拳眼向上;眼看前下方(见图 6 - 182、图 6 - 183)。

图 6 - 182　　　　　　　图 6 - 183

要点:上体保持自然中正,松腰、沉胯,右臂不可伸直;上步、搂手、冲拳和弓步要协调一致。

(十七) 海底针

上体右转,右脚向左脚后跟步,先以脚尖着地,然后全脚踏实,随即重心移于右腿;左脚提起,脚尖着地,成左虚步;同时右掌由前向下、向后,再向上弧形向前下方插掌,掌心向左,掌指向前下方;左掌由后向左画弧形按于左膝外侧,掌心向下,掌指向前;眼看右前下方(见图 6 - 184 至图 6 - 186)。

图 6 - 184　　　　　图 6 - 185　　　　　图 6 - 186

要点:上体不可太前倾,避免低头和臀部外凸,左膝要微屈。

（十八）闪通背

上体稍向右转,左脚向前迈出,先以脚跟着地;然后全脚踏实,左腿屈膝前弓,右腿伸直,成左弓步;同时右臂内旋,右掌举于头的右前上方,掌心向外,臂呈半圆形;左掌向前推出,臂微直,掌心向前,掌指向上;眼看前方(见图 6 - 187 至图 6 - 190)。

图 6 - 187　　　　　　　　图 6 - 188

图 6 - 189　　　　　　　图 6 - 190

要点：上体保持自然中正，松腰沉胯，左臂不可完全伸直，推掌、架掌和弓步动作要协调一致。

（十九）搬拦捶

（1）上体微右转，重心移于右腿，左脚尖内扣，右脚尖外撇，重心移于左腿，右腿屈膝提起向前迈步，右脚跟落地同时右掌变拳向下、向外、向上弧形向前搬出，左掌自前而下弧形移至胸前，掌心向右，掌指向上，眼看前方（见图 6 - 191 至图 6 - 193）。

图 6 - 191　　　　　图 6 - 192　　　　　图 6 - 193

（2）左脚向前迈步，脚跟着地，同时右拳收回腰际，左掌向前探出。左脚踏实，左腿屈膝前弓，右腿伸直，成左弓步，同时身体微左转，右拳向前打出，臂直与胸平，右拳眼向上，左掌置于右肘内侧，掌心向右，掌指向上，眼看前方（见图6-194至图6-196）。

图6-194　　　　　图6-195　　　　　图6-196

要点：迈步轻灵平稳，上体保持自然中正，右拳收回时，前臂缓慢内旋划弧，再外旋向前搬出。右拳打出时，右肩要随冲拳略向前引，沉肩垂肘，右臂微屈。

（二十）如封似闭

（1）左掌由右腕下向前穿出，右拳变掌翻转掌心向下，两掌随即收于胸前，掌指向上，掌心斜向内；同时重心后移，身体后坐，右腿弯曲，左腿微直，成左虚步；眼看前方（见图6-197、图6-198）。

图 6 - 197　　　　　　　图 6 - 198

（2）右脚蹬地，重心前移，左腿屈膝前弓，右腿伸直，成左弓步；同时两臂内旋使两掌向前按出，两掌心向前，掌指向上，掌腕高与肩平；眼看前方（见图 6 - 199、图 6 - 200）。

图 6 - 199　　　　　　　图 6 - 200

要点：身体后坐时须松腰沉胯，上体不可后仰，臀部不可外凸；两臂随身体后坐时，肩、肘略向外松开，两手按出不要超过两肩的宽度。

（二十一）十字手

（1）上体右转，左脚尖内扣踏实，右腿屈膝侧弓，左腿伸直；同时右掌自左向上、向右弧形运转至身体右侧,掌心斜向外,掌指向上,臂屈;眼看右前方(见图6－201)。

图 6－201

（2）上体左转,右脚向左脚移步,成开立步;同时两手向下、向里弧形交叉抱于胸前,右手在外,两掌心向里;眼看前方(见图6－202、图6－203)。

图 6－202

图 6－203

要点:两掌分开和合抱时,上体不可前俯;右脚收回时,脚尖先着地,然后全脚着地,身体自然中正;头要微向上顶,下颌稍向后收;两臂环抱时,要圆满舒适,沉肩垂肘。

（二十二）收式

两掌向外翻转,掌心向下,掌指向前,随即下落于两腿外侧,掌心向下,掌指向前;左脚向右脚靠拢,成并步站立,两掌掌指自然下垂;眼看前方(见图 6 - 204 至图 6 - 207)。

图 6 - 204

图 6 - 205

图 6 - 206

图 6 - 207

要点:两手左右分开下落时,注意全身放松,同时气也徐徐下沉(呼气略深长)。呼吸平稳后,把左脚收到右脚旁,再走动休息。

（请关注上海中医药大学体育部网站,欣赏二十二式太极拳全套演示,网站:https://tyb.shutcm.edu.cn/2023/0826/c3467a154722/page.htm）

第三节　二十四式太极拳

一、二十四式太极拳概述

二十四式太极拳也叫简化太极拳,是原国家体育运动委员会于1956年组织太极拳专家从杨氏太极拳架中择取 20 多个不同姿势动作编串而成的。二十四式太极拳基本集中了杨氏太极拳的技术,内容丰富,结构完整,编排合理,衔接流畅,动作优美,简单易学,深受太极拳学练者喜爱,是较为理想的太极拳入门套路。

二、二十四式太极拳动作图解

（一）起势

（1）身体自然直立,两脚开立,与肩同宽,脚尖向前;两臂自然下垂,两手放在大腿外侧;眼向前平视（见图 6－208、图 6－209）。

（2）两臂慢慢向前平举,两手高与肩平,与肩同宽,手心向下（见图 6－210）。

（3）上体保持挺直,两腿屈膝下蹲;同时两掌轻轻下按,两肘下垂与两膝相对;眼平视正前方（见图 6－211）。

图 6－208

图 6－209

图 6 - 210

图 6 - 211

要点:头项挺直。下颌微向后收,不要故意挺胸或收腹。精神要集中(起势由立正姿势开始,然后左脚向左分开,成开立步)。两肩下沉,两肘松垂,手指自然微曲。屈膝松腰,臀部不可凸出,身体重心落于两腿中间。两臂下落和身体下蹲的动作要协调一致。

(二) 左右野马分鬃

(1) 上体微向左转,身体重心移至右腿上;同时右臂收在胸前平屈,手心向下,左手经体前向右下划弧至右手下,手心向上,两手心相对成抱球状;左脚随即收到右脚内侧,脚尖点地;眼看右手(见图 6 - 212)。

(2) 上体微向左转,左脚向左前方迈出,右脚跟后蹬,右腿自然伸直,呈左弓步;同时上体继续向左转,左右手随转体慢慢分别向左上、右下分开,左手高与眼平(手心斜向上),肘微屈;右手落在右胯旁,肘也微屈,手心向下,指尖向前;眼看左手(见图 6 - 213、图 6 - 214)。

(3) 身体重心移至左腿,脚尖微向外撇(45～60 度),随后脚掌慢慢踏实,左腿慢慢前弓,身体左转,身体重心再移至左腿;同时左手翻转向下,左臂收在胸前平屈,右手向左上划弧至左手下,两手心相对成抱球状;右脚随即收到左脚内侧,脚尖点地;眼看右手前方(见图 6 - 215)。

(4) 右腿向右前方迈出,左腿自然伸直,成右弓步;同时上体右转,左右手随转体分别慢慢向左下、右上分开，右手高与眼平（手心斜向上），肘微屈；左手落在左胯旁，肘也微屈，手心向下，指尖向前；眼看右手（见图6-216、图6-217）。

（5）同（3）、（4）解，惟动作左右相反（见图6-212至图6-214）。

图 6-212

图 6-213

图 6-214

图 6-215

图 6 - 216

图 6 - 217

要点：上体不可前俯后仰，胸部必须宽松舒展。两臂分开时要保持弧形。身体转动时要以腰为轴。弓步动作与分手的速度要均匀一致。做弓步时，迈出的脚先是脚跟着地，然后脚掌慢慢踏实，脚尖向前，膝盖不要超过脚尖；后腿自然伸直；前后脚夹角成45～60度（需要时后脚跟可以后蹬调整）。野马分鬃式的弓步，前后脚的脚跟要分在中轴线两侧，它们之间的横向距离（即以动作进行的中线为纵轴，其两侧的垂直距离为横向距离）一般保持在10～30厘米。

（三）白鹤亮翅

（1）右脚跟进半步，上体微向左转，左手翻掌向下，左臂平屈胸前，右手向左上划弧，手心转向上，与左手成抱球状；眼看左手（见图 6 - 218）。

（2）身体重心移至右腿，上体先向右转，面向右前方，眼看右手；然后左脚稍向前移，脚尖点地，成左虚步，同时上体再微向左转，面向前方，两手随转体慢慢向右上、左下分开，右手上提停于右额前，手心向内，左手落于左胯前，手心向下，指尖向前；眼看前方（见图 6 - 219、图 6 - 220）。

图 6－218

图 6－219

图 6－220

要点:定势时,胸部不要挺出,两臂保持半圆形,左膝要微屈。身体重心后移和右手上提、左手下按要协调一致。

(四)左右搂膝拗步

(1)右手从体前下落,右下向后上方划至右肩外侧,手与耳同高,手心斜向上;左手由左下向上、向右划弧至右胸前,手心斜向下;同时上体先微向左再向右转;左脚收至右脚内侧,脚尖着地,眼看右手(见图 6－221 至图 6－223)。

(2)身体左转,左脚向前(偏左)迈出呈弓步;同时右手屈回由耳侧向前推出,高于鼻尖平,左手向下由左膝前搂过落于左胯旁,指尖向前;眼看右手手指(见图 6－224、图 6－225)。

(3) 左脚尖翘起微向外撇,随后脚掌慢慢踏实,身体左转,身体重心移至左腿,右脚收到左脚内侧,脚尖着地;同时左手向外翻掌由左后向上划弧至左肩外侧,肘微屈,手与耳同高,手心斜向上;右手随转体向上、向下划弧落于左胸前,手心斜向下;眼看左手(见图 6－226 至图 6－228)。

(4) 同(2)、(3)解,惟动作左右相反(见图 6－223 至图 6－225)。

(5) 同(3)解,惟动作左右相反(见图 6－226 至图 6－228)。

图 6－221

图 6－222

图 6－223

图 6－224

图 6 - 225

图 6 - 226

图 6 - 227

图 6 - 228

要点:推掌时,身体不可前俯后仰,要松腰松胯、沉肩垂肘、坐腕舒掌,同时须与松腰、弓腿上下协调一致。搂膝拗步成弓步时,两脚跟的横向距离一般保持在 30 厘米左右。

（五）手挥琵琶

右脚跟进半步,上体后坐,身体重心转至右腿上,上体半面向右转,左脚略提起稍向前移,变成左虚步,脚跟着地,脚尖翘起,膝部微屈;同时左手由左下向上挑举,高与鼻尖平,掌心向右,臂微屈;右手收回放在左肘里侧,掌心向左;眼看左手食指(见图 6 - 229 至图 6 - 231)。

图 6-229

图 6-230

图 6-231

要点:身体要平稳自然,沉肩垂肘,胸部放松。左手上起时不要直向上挑,要由左向上、向前,微带弧形。右脚跟进时,脚掌先着地,再全脚踏实。身体重心后移和左手上起、右手收回要协调一致。

(六) 左右倒卷肱

(1) 上体右转,右手翻掌(手心向上)经腹前由下向后上方划弧平举,臂微屈,左手随即翻掌向上;眼的视线随着向右转体先向右看,再转向前方看左手(见图 6-232)。

(2) 右臂屈肘折回向前,右手由耳侧向前推出,手心向前,左臂屈肘回收,手心向上,撤至左肋外侧;同时左腿轻轻提起向左后方退一步,脚掌先着地,然后全脚慢慢踏实,身体重心移到左腿上,成右虚步,右脚随转体以脚掌为轴转正;眼看右手(见图6-233、图6-234)。

(3) 上体微向左转,同时左手随转体向后上方划弧平举,手心向上,右手随即翻掌,掌心向上;眼随转体先向左看,再转向前方看右手(见图6-235)。

(4) 同(2)解,惟动作左右相反(见图6-236、图6-237)。

(5) 同(1)解(见图6-232)。

(6) 同(2)解(见图6-233、图6-234)。

(7) 同(3)解(见图6-235)。

(8) 同(2)解,惟动作左右相反(见图6-236、图6-237)。

图 6-232

图 6-233

图 6-234

图 6-235

图 6－236　　　　　　　　　图 6－237

　　要点:前推的手略弯曲,后撤宜慢不可直向回抽,随转体走弧线。前推时,须转腰松胯,两手的速度要一致,避免僵硬。退步时,脚掌先着地,再慢慢全脚踏实,前脚随转体以脚掌为轴转正。退左脚略向左后斜,退右脚略向右后斜,避免使两脚落在一条直线上。后退时,眼神随转体动作先向左或右看,然后再转看前手。最后退右脚时,脚尖外撇的角度略大些,便于接做"左揽雀尾"的动作。

　　(七)　左揽雀尾

　　(1)　身体继续向右转,左手自然下落逐渐翻掌经腹前划弧至左肋前,手心向上;右臂屈肘,右手心转向下,收至右胸前,两手相对成抱球状;同时身体重心落在右腿上,左脚收到右脚内侧,脚尖点地;眼看右手(见图 6－238)。

　　(2)　上体微向左转,左脚向左前方迈出,上体继续向左转,右腿自然蹬直,左腿屈膝,成左弓步;同时左臂向左前方掤出(即左臂平屈成弓形,用前臂外侧和手背向前方推出),高与肩平,手心向内;右手向右下落于右胯旁,手心向下,指尖向前;眼看左前臂(见图 6－239)。

图 6－238

图 6－239

要点:掤出时,两臂前后均保持弧形。分手、松腰、弓腿三者必须协调一致。揽雀尾弓步时,两脚跟横向距离不超过 10 厘米。

（3）身体微向左转,左手随即前伸翻掌向下,右手翻掌向上,经腹前向上、向前伸至左前臂下方;然后两手下捋,即上体向右转,两手经腹前向右后上方划弧,直至右手手心向上,高与肩齐,左臂平屈于胸前,手心向后;同时身体重心移至右腿;眼看右手(见图 6－240 至图 6－242)。

图 6－240

图 6－241

图 6－242

要点:下捋时,上体不可前倾,臀部不要凸出。两臂下捋须随腰旋转,仍走弧线。左脚全掌着地。

（4）上体微向左转,右臂屈肘折回,右手附于左手腕里侧（相距约 5 厘米）,上体继续向左转,双手同时向前慢慢挤出,左手心向右,右手心向前,左前臂保持半圆;同时身体重心逐渐前移变成弓步;眼看左手腕部（见图 6－243、图 6－244）。

图 6－243

图 6－244

要点:向前挤时,上体要正直。挤的动作要与松腰、弓腿相一致。

（5）左手翻掌,手心向下,右手经左腕上方向前、向右伸出,高与左手齐,手心向下,两手左右分开,宽与肩同;然后右腿屈膝,上体慢慢后坐,身体重心移至右腿上,左脚尖翘起;同时两手屈肘回收至腹前,手心均向前下方;眼向前平视(见图6－245、图6－246)。

（6）上式不停,身体重心慢慢前移,同时两手向前、向上按出,掌心向前;左腿前弓成左弓步;眼平视前方(见图6－247)。

图 6－245

图 6－246

图 6－247

要点:向前按时,两手须走曲线,腕部高与肩平,两肘微屈。

（八）右揽雀尾

（1）上体后坐并向右转,身体重心移至右腿,左脚尖里扣;右手向右平行划弧至左肋前,手心向上;左臂平屈胸前,左手掌心向下与右手成抱球状;同时身体重心再移至左腿上,右脚收至左脚内侧,脚尖点地;眼看左手(见图6-248至图6-250)。

（2）做右式，同左揽雀尾(2)～(6)解，惟动作左右相反(见图6-251至图6-260)。

图6-248

图6-249

图6-250

图6-251

图6-252

图6-253

图 6 - 254

图 6 - 255

图 6 - 256

图 6 - 257

图 6 - 258

图 6 - 259

图 6 - 260

要点：向前按时，两手须走曲线，腕部高与肩手，两肘微屈。

（九）单鞭

（1）上体后坐，身体重心逐渐移至左腿上，右脚尖里扣；同时上体左转，两手（左高右低）向左弧形运转，直至左臂平举，伸于身体左侧，手心向左，右手经腹前运至左肋前，手心向后上方；眼看左手（见图 6 - 261）。

（2）身体重心再逐渐移至右腿上，上体右转，左脚向右脚靠拢，脚尖点地；同时右手向右上方划弧（手心由里转向外），至右侧方时变勾手，臂与肩平；左手向下经腹前向下划弧停于右肩前，手心向里；眼看左手（见图 6 - 262、图 6 - 263）。

（3）上体微向左转，左脚向左前侧方迈出，右脚跟后蹬，成左弓步；在身体重心向左腿的同时，左掌随上体的继续左转慢慢翻转向前推出，手心向前，手指与眼齐平，臂微屈；眼看左手（见图 6 - 264）。

图 6－261

图 6－262

图 6－263

图 6－264

要点:上体保持正直,松腰。完成定势时,右肘稍下垂,左肘与左膝上下相对,两肩下沉。左手向外翻掌前推时,要随转体边翻边推出,不要翻掌太快或最后突然翻掌。动作之间的过渡动作要协调一致。如面向南起势,单鞭的方向(左脚尖)应向东偏北(大约 15 度)。

（十）云手

（1）身体重心移至右腿上,身体渐向右转,左脚尖里扣;左手经腹前向右上划弧至右肩前,手心斜向后,同时右手变掌,手心向右前;眼看左手(见图 6－265)。

（2）上体慢慢左转,身体重心随之逐渐左移;左手由脸前向左侧运转,手心渐渐转向左方;右手由右下经腹前向左上划弧至左肩膀前,手心斜向后;同时右脚靠近左脚,成小开立步(两脚距离10~20厘米);眼看左手(见图6-266、图6-267)。

(3) 上体再向右转,同时左手经腹前向大踏步划弧至右肩前,手心斜面向后;右手右侧运转,手心翻转向右;随之左腿向左横跨一步;眼看右手(见图6-268)。

(4) 同(2)解(见图6-269、图6-270)。

(5) 同(3)解(见图6-265至图6-267)。

(6) 同(2)解(见图6-268至图6-270)。

图 6 - 265

图 6 - 266

图 6 - 267

图 6 - 268

图 6-269   图 6-270

要点:身体转动要以腰脊为轴,松腰、松胯,不可忽高忽低。两臂随腰的转动而运转,要自然圆活,速度要缓慢均匀。下肢移动时,身体重心要稳定,两脚掌先着地再踏实,脚尖向前。眼的视线随左右手而移动。第三个"云手"的右脚最后跟步时,脚尖微向内扣,便于接"单鞭"动作。

(十一) 单鞭

(1) 上体向右转,右手随之向右运转,至右侧方时变成勾手;左手经腹前向右上划弧至右肩前,手心向内;身体重心落在右腿上,左脚尖点地;眼看右手(见图 6-271)。

(2) 上体微向左转,左脚向左前侧方迈出,右脚跟后蹬,成左弓步;在身体重心移向左腿的同时,上体继续左转,左掌慢慢翻转向前推出,呈"单鞭"式(见图 6-272)。

图 6-271　　　　　　　　　　图 6-272

（十二）高探马

（1）右脚跟进半步,身体重心逐渐后移至右腿上;右手变掌,两手心翻转向上,两肘微屈;同时身体微向右转,左脚跟渐渐离地;眼看右前方（见图 6-273）。

（2）上体微向左转,面向前方;右掌经右耳旁向前推出,手心向前,手指与眼同高;左手收至体前,手心向上;同时左脚微向前移,脚尖点地,成左虚步;眼看右手（见图 6-274）。

图 6-273　　　　　　　　　　图 6-274

要点:上体自然正直,双肩要下沉,右肘微下垂。跟步移换重心时,身体不要有起伏。

（十三）右蹬脚

（1）左手手心向上前伸至右腕背面，两手相互交叉，随即向两侧分开并向下划弧，手心斜向下；同时左脚提起向左前侧方进步（脚尖略外撇）；身体重心前移，右腿自然蹬直，成左弓步；眼看前方（见图 6-275 至图 6-277）。

（2）两手由外圈向里圈划弧，两手交叉合抱于胸前，右手在外，手心均向后；同时右脚向左脚靠拢，脚尖点地；眼平视右前方（见图 6-278）。

（3）两臂左右划弧分开平举，肘部微屈，手心均向外；同时右腿屈膝提起，右脚向右前方慢慢蹬出；眼看右手（见图 6-279、图 6-280）。

图 6-275

图 6-276

图 6-277

图 6-278

图 6－279

图 6－280

要点:身体要稳定,不可前俯后仰。两手分开时,腕部与肩齐平。蹬脚时,左腿微屈,右脚尖回勾,力达脚跟。分手和蹬脚须协调一致。右臂和右腿上下相对。如面向南起势,蹬脚方向应为正东偏南(约 30 度)。

(十四) 双峰贯耳

(1) 右腿收回,屈膝平举,左手由后向上、向前下落至体前,两手心均翻转向上,两手同时向下划弧分落于右膝两侧;眼看前方(见图 6－281)。

(2) 右脚向右前方落下,身体重心渐渐前移,成右弓步,面向右前方;同时两手下落,慢慢变拳,分别从两侧向上、向前划弧至面部前方,成钳形状,两拳相对,高与耳齐,拳眼都斜向下(两拳中间距离 10～20 厘米);眼看右拳(见图 6－282、图 6－283)。

图 6－281

图 6－282

图 6 - 283

要点:动作定势时,头颈正直,松腰松胯,两拳松握,沉肩垂肘,两臂均保持弧形。双峰贯耳式的弓步和身体方向与右蹬脚方向相同。弓步的两脚跟横向距离同"揽雀尾"式。

(十五) 转身左蹬脚

(1) 左腿屈膝后坐,身体重心移至左腿,上体左转,右脚尖里扣;同时两拳变掌,由上向左右划弧分开平举,手心向前;眼先左手,再看右手(见图 6 - 284、图 6 - 285)。

(2) 身体重心再移至右腿,左脚收到右脚内侧,脚尖点地;同时两手由外圈向里圈划弧合抱于胸前,左手在外,手心均向后(见图 6 - 286)。

(3) 两臂左右划弧分开平举,肘部微屈,手心均向外;同时左腿屈膝提起,左脚向左前方慢慢蹬出;眼看左手(见图 6 - 287)。

图 6 - 284

图 6 - 285

图 6 - 286

图 6 - 287

要点:与右蹬脚式相同,只是左右相反。转身左蹬脚方向与右蹬脚成 180 度(即正西偏北,约 30 度)。

(十六)　左下势独立

(1) 左腿收回提膝,上体右转;右掌变成勾手,左掌向上、向右划弧下落,落于右肩前,掌心斜向后;眼看右手(见图 6 - 288)。

(2) 右腿慢慢屈膝下蹲,左腿由里向左侧(偏后)伸出,成左仆步;左掌下落(掌心向外)向左下顺左腿内侧向前穿出;眼看左手(见图 6 - 289、图 6 - 290)。

(3) 身体重心前移,左脚跟为轴,脚尖尽量向外撇,左脚前弓,右腿后蹬,右脚尖里扣,上体微向左转并向前起身;同时左臂继续向前伸出(立掌),掌心向右,右勾手下落,勾尖向上;眼看左手(见图6-291)。

(4) 右腿慢慢提起,成左独立势;同时右手变掌,并由后下方顺右腿外侧向前弧形摆出,屈臂立于右腿上方,肘与膝相对,手心向左;左手立于左胯旁,手心向下,指尖向前;眼看右手(见图6-292)。

图 6-288

图 6-289

图 6-290

图 6-291

图 6－292

要点：上体要正直,独立的腿要微屈,右腿提起时脚尖自然下垂。

（十七）　右下势独立

（1）右脚下落于左脚前,脚掌着地;然后左脚前掌为轴,脚跟转动,身体随之左转;同时左手向后平举变成勾手,右掌随着转体向左侧划弧,立于左肩前,掌心斜向后,眼看左手（见图 6－293、图 6－294）。

（2）同"左下势独立"（2）、（3）、（4）解,惟动作左右相反（见图 6－295至图 6－298）。

图 6－293

图 6－294

图 6 - 295

图 6 - 296

图 6 - 297

图 6 - 298

要点:右脚尖触地后必须稍微提起,然后再向下仆腿,其他均与"左下势独立"动作相同,只是动作左右相反。

(十八) 左右穿梭

(1) 身体微向左转,左脚向前落地,脚尖外撇,右脚跟离地,两腿屈膝成半坐盘式;同时两手在左胸前成抱球状(左上右下);然后右脚收到左脚的内侧,脚尖点地;眼看左前臂(见图 6 - 299、图 6 - 300)。

(2) 身体右转,右脚向右前方迈出,屈膝弓腿,成右弓步;同时右手由脸前向上举并翻掌停在右额前,手心斜向上;左手先向左下再经体前向前推出,高与鼻尖平,手心向前;眼看左手(见图 6 - 301、图 6 - 302)。

（3）身体重心略向后移，右脚尖稍向外撇，随即身体重心再移至右腿，左脚跟进，停于右脚内侧，脚尖点地；同时两手在右胸前成抱球状（右上左下）；眼看右前臂（见图 6 - 303）。

（4）同（2）解，惟动作左右相反（见图 6 - 304、图 6 - 305）。

图 6 - 299

图 6 - 300

图 6 - 301

图 6 - 302

图 6 - 303

图 6 - 304

图 6－305

要点：完成定势时面向斜前方（如面向南起势，左右穿梭方向分别为正北偏北和正偏南，均约 30 度）。手推出后，上体不可前俯。手向上举时，防止引肩上耸。一手上举一手前推，要与弓腿松腰上下协调一致。做弓步时，两脚跟的距离同搂膝拗步式，保持在 30 厘米左右。

（十九）海底针

右脚向前跟进半步，身体重心移至右腿，左脚稍向前移，脚尖点地，成左虚步；同时身体稍向右转，右手下落经体前向后、向上提抽至肩上耳旁，再随身体左转，由右耳旁斜向前下方插出，掌心向左，指尖斜向下；与此同时，左手向前、向下划弧落于左胯旁，手心向下，指尖向前；眼看前下方（见图 6－306、图 6－307）。

图 6－306

图 6－307

要点：身体要先向右转，再向左转。完成姿势，面向正西。上体不可太前倾。避免低头和臀部外凸。左腿要微屈。

（二十）　闪通臂

上体稍向右转，左脚向前迈出，屈膝弓腿成左弓步；同时右手由体前上提，屈臂上举，停于右额前上方，掌心翻转斜向上，拇指朝下；左手上起经胸前向前推出，高与鼻尖平，手心向前；眼看左手（见图 6－308、图 6－309）。

图 6－308

图 6－309

要点：定势时，上体自然正直，松腰、松胯；左臂不要完全伸直，背部肌肉要伸展开。推掌、举掌和弓腿动作要协调一致。弓步时，两脚跟横向距离同"揽雀尾"式（不超过 10 厘米）。

（二十一）　转身搬拦捶

（1）上体后坐，身体重心移至右腿上，左脚尖里扣，身体向后转，然后身体重心再移至左腿上；与此同时，右手随着转体向右、向下（变拳）经腹前划弧至左肋旁，拳心向下；左掌上举于头前，掌心斜向上；眼看前方（见图 6－310、图 6－311）。

（2）右拳经胸前向前翻转撇出，拳心向上；左掌落于胯旁，掌心向下，指尖向前；同时右脚收回后（不要停顿或脚尖点地）即向前迈出，脚尖外撇；眼看右拳（见图 6－312、图 6－313）。

（3）身体重心移至右腿上，左脚向前迈一步；左手上起经左侧向前上划弧拦出，掌心向前下方；同时右拳向右划弧收到右腰旁，拳心向上；眼看左手（见图6－314至图6－316）。

（4）左腿前弓，成左弓步，同时右拳向前打出，拳眼向上，高与胸平，左手附于右前臂里侧；眼看右拳（见图6－317）。

图 6－310

图 6－311

图 6－312

图 6－313

图 6－314

图 6－315

图 6－316

图 6－317

要点:右拳不要握得太紧。右拳回收时,前臂要慢慢内旋划弧,然后再外旋停于右腰旁,拳心向上。向前冲拳时,右肩随拳略向前引,沉肩垂肘,右臂要微屈。弓步时,两脚横向距离同"揽雀尾"式。

（二十二）如封似闭

（1）左手由右腕下向前伸出,右拳变掌,两手手心逐渐翻转向上并慢慢分开回收;同时身体后坐,左脚尖翘起,身体重心移至右腿;眼看前方（见图 6－318、图 6－319）。

（2）两手在胸前翻掌,向下经腹前再向上、向前推出,腕部与肩平,手心向前;同时左腿前弓,成左弓步;眼看前方（见图 6－320、图 6－321）。

图 6 - 318

图 6 - 319

图 6 - 320

图 6 - 321

要点:身体后坐时,避免后仰,臀部不可凸出。两臂随身体收回时,肩、肘部略向外松开,不要直着抽回。两手推出宽度不要超过两肩。

(二十三) 十字手

(1) 屈膝后坐,身体重心移向右腿,左脚尖里扣,向右转体;右手随着转体动作向右平摆划弧,与左手成两臂侧平举,掌心向前,肘部微屈;同时右脚尖随着转体稍向外撇,呈右侧弓步;眼看右手(见图 6 - 322、图 6 - 323)。

(2) 身体重心慢慢移至左腿,右脚尖内扣,随即向左收回,两脚距离与肩同宽,两腿逐渐蹬直,呈开立步;同时两手向下经腹前向上划弧交叉合抱于胸前,两臂撑圆,腕高与肩平,右手在外,成十字手,手心均向后;

眼看前方（见图 6 - 324、图 6 - 325）。

图 6 - 322

图 6 - 323

图 6 - 324

图 6 - 325

要点：两手分开和合抱时，上体不要前俯。站起后，身体自然正直，头要微向上顶，下颌稍向后收。两臂环抱时须圆满舒适，沉肩垂肘。

（二十四）收势

两手向外翻掌，手心向下，两臂慢慢下落，停于身体两侧，随后还原成站立姿势；眼看正前方（见图 6 - 326 至图 6 - 328）。

图 6－326

图 6－327

图 6－328

要点:两手左右分开下落时,要注意全身放松,同时气也徐徐下沉(呼气略加长)。呼吸平稳后,把左脚收到右脚旁,再走动休息。

(请关注上海中医药大学体育部网站,欣赏二十四式太极拳全套演示,网址:https://tyb.shutcm.edu.cn/2019/1125/c3467a117820/page.htm)

第七章　太极器械套路

一、三十二式太极剑概述

太极剑属于太极拳派系中的一种剑术套路,具有太极拳和剑术的运动特点及健身价值。本套剑术取材于传统的杨氏太极剑套路,全套动作除"起势"和"收势"外,共有 32 个动作,共分 4 组,每组 8 个动作,往返两个来回。

(一) 体静神舒,内外相合

太极剑同太极拳一样,要求心静体松,神态自然,精神集中,在姿势形态上要求中正安舒,悬头竖颈,沉肩坠肘,含胸拔背,松腰敛臀。在动作中要求意念引导,以意领气,以气运身,以身运剑,动中求静,气沉丹田,呼吸自然,与动作相配合。

(二) 轻灵沉着,刚柔相济

太极剑具有"迈步如猫行""运劲如抽丝"的太极拳特点,动作轻而不浮,沉而不僵,在意念引导下强调劲力的内在表现,含而不露,柔中寓刚,刚中有柔,动作转接柔顺,不用拙力,避免生硬重滞。

(三) 连贯圆活,绵绵不断

太极剑动作连绵柔缓,节奏平稳,运转圆活,动作之间的衔接过渡,如行云流水般绵绵不断,不可生硬和停顿。

(四) 剑法规整,身剑协调

剑法是构成功力与表现技巧的核心,剑法规格是剑术技法的基本规范。太极剑要求剑法清楚,力点准确,动作规范,表现出各种剑法的攻防含义。同时,还要求具备造型优美、潇洒飘逸、蓄发相间、虚实分明、剑势多变的特色。演练中要求神与意合、意与体合、体与剑合,融成一个协调的整体,达到"身剑合一"。

二、三十二式太极剑动作图解

(一) 起势

(1) 两脚开立:身体自然直立,两脚开立;两臂自然垂于身体两侧,左手持剑,剑尖向上,右手握成剑指,手心向内;眼平视前方(见图7-1、图7-2)。

(2) 两臂前举:两臂慢慢向前平举,高与肩平,手心向下(见图7-3)。

(3) 转体摆臂:上体略向右转,重心移于右腿,屈膝下蹲,随之左腿提起向右腿内侧收拢(左脚尖不点地);同时右剑指边翻转边由体前下落,经腹前向上举,手心向上,左手持剑经面前屈肘落于右肩前,手心向下,剑平置胸前;眼视剑指(见图7-4、图7-5)。

(4) 弓步前指:身体左转,左脚向前迈出,成左弓步;同时左手持剑经体前向左下搂至左胯旁,剑直立于左前臂后,剑尖向上,右臂屈肘,剑指经耳旁随转体向前指出,指尖自然向上,高与眼平。眼视剑指(见图7-6)。

(5) 盖步穿剑:身体右转,左臂屈肘上提,左手持剑,手心向下经胸前从右手上穿出,剑指翻转(手心向上),两臂左右平展;同时右腿提起向前横落,脚尖外撇,两腿交叉,两膝关节前后相交,左脚跟提起,重心稍下降,成交叉半坐姿势;眼视剑指(见图7-7)。

(6) 弓步接剑:左手持剑稍外旋,手心转下,剑尖略下垂;左脚上步成左弓步;同时身体左转,右剑指经头右上方向前落于剑把上,准备接剑;眼平视前方(见图7-8)。

图 7 - 1

图 7 - 2

图 7 - 3

图 7 - 4

图 7 - 5

图 7 - 6

图 7－7 图 7－8

要点:两臂前举,肩宜松沉,不能耸起。转体、迈步和两臂动作协调柔和,弓步横向距离约30厘米。上体自然挺直,重心移动平稳。

（二）并步点剑

右手松开剑指,虎口对着护手,握住剑把,然后腕关节绕环,使剑在身体左侧划一立圆,向前点出,力达剑尖,左手握成剑指,附于右腕部;同时右脚向左脚靠拢成并步,身体半蹲;眼视剑尖(见图7－9)。

图 7－9

要点:剑身立圆向前环绕时,两臂不可上举。点剑时,持剑要松活,主要用腕部的环绕将剑向前下点出。并步时,两脚不宜并紧,两脚掌要全部着地,身体略下蹲,身体保持直立。

（三）独立反刺

（1）撤步抽剑：右脚向后方撤步；同时身体重心后移，右手持剑撤至腹前，剑尖略高，左剑指附于右腕，随剑后撤（见图 7 - 10）。

（2）收脚挑剑：身体右后转，随之左脚收至右脚内侧，脚尖点地；同时，右手持剑继续反手抽撩至右后方，然后右臂外旋，右腕下沉，剑尖上挑，剑身斜立于身体右侧，左手剑指随剑撤于右上臂内侧；眼视剑尖（见图 7 - 11）。

（3）提膝反刺：上体左转，左膝提起成独立步；同时右手持剑上举，使剑经头右侧上方向前反手立剑刺出，手心向外，力注剑尖，左剑指经额下向前指出，指尖自然向上，高与眼平；眼视剑指（见图 7 - 12）。

图 7 - 10　　　　　　　　　图 7 - 11

图 7 - 12

要点:提膝时,右腿自然直立,左脚面展平,小腿和脚掌微向里扣护裆,左膝要正向前方,与左肘上下相对,不要偏向右侧,独立稳定。刺剑是使剑通过伸臂刺出,力贯剑尖,注意避免将剑身由下向上直接托起。

(四) 仆步横扫

(1) 撤步劈剑:上体向右后转,剑随转体向右后方劈下,右臂与剑平直,左剑指落于右腕部;在转体的同时,右腿屈膝,左腿向左后方撤步,膝部伸直;眼视剑尖(见图7-13)。

(2) 仆步横扫:身体左转,左剑指经体前沿左肋向后反插,并向左上方划弧举起,手心斜向上,右手持剑,手心转向上,使剑由下、向左前方划弧平扫,高与胸平;右膝弯曲下蹲成半仆步,随着重心逐渐左移,左脚尖外撇,左腿屈膝,成左弓步;眼视剑尖(见图7-14)。

图 7-13

图 7-14

要点:劈剑与扫剑的转换过程中,步行应为半蹲仆步,也可做成全蹲仆步,身体应保持直立。扫剑时,持剑要平稳,有一个由高到低(与膝或与踝同高)再到高的弧线,力在剑刃,不要做成拦腰平扫。定势时,左手停在左额前,剑尖置于体前中线,高与胸平。

(五) 向右平带

右脚提起收至左脚内侧(脚尖不点地);同时右手持剑稍向内收引,

左剑指落于腕部;右脚向右前方迈出一步,脚跟着地;同时右手持剑略向前伸,左剑指仍附于右腕部;重心前移,右脚踏实成右弓步;右手持剑,手心翻转向下,向右后方斜带,剑指仍附于右腕;眼视剑尖(见图7－15)。

图 7－15

要点:带剑时,剑应边翻转边斜带,剑把左右摆动的幅度要大,而剑尖则始终控制在体前中线附近,力在剑刃,不要过多地左右摆动;剑的回带和弓步要协调一致;带剑时应注意由前向后带,不要横向向右推或做成扫剑。

（六）向左平带

右手持剑屈臂后收;同时左脚提起收至右脚内侧(脚尖不点地),再向左前方上步,脚跟着地,成左弓步;右手持剑向前伸展,再翻掌将剑向左后方弧线平剑回带,握剑手带至左肋前方,力在剑刃,同时左剑指转收至腰间,再继续向左上方划弧举至额左上方,手心斜向上;眼视剑尖(见图7－16)。

图 7－16

要点：同向右平带，惟左右相反。

（七）独立抢劈

（1）转体抢剑：右脚收至左脚内侧，脚尖着地；身体左转，右手持剑由前向下、向后划弧立剑斜置于身体左下方，左剑指下落，两手交叉于腹部；眼视左后方（见图 7－17、图 7－18）。

（2）独立劈剑：右脚向前上步踏实，左腿屈膝上提，成右独立步；同时右手内旋上举，持剑划弧举于头上方，再向前下方立剑劈下，立在剑刃，右臂与剑成一条斜线，左手剑指向后、向上划弧举至左上方，掌心斜向下；眼视前下方（见图 7－19）。

图 7－17

图 7 - 18

图 7 - 19

要点：抢剑、举剑、劈剑应连贯抢绕立圆，并与转腰、旋臂独立配合一致，连贯不停。左手的运动要和持剑的右手相互配合，当右手持剑向前下方劈出时，左剑指由后向上划弧至头侧上方，两手一上一下、一前一后地对称交叉划立圆。

（八）退步回抽

左脚向后落下，右手持剑外旋上提，再持剑回抽，剑把收于左肋旁，手心向内，剑尖斜向上，左剑指落于剑把上；同时重心后移，右脚随之撤回半步，成右虚步；眼视剑尖（见图 7 - 20）。

图 7 - 20

要点：抽剑是立剑由前向后划弧抽回，力点沿剑刃滑动，右手手心先翻转向上将剑略向上提,随后由体前向后划弧收至右肋旁,避免将剑直线抽回。左脚后落的步幅不要过小,重心前后移动要充分,两腿虚实要分明。定势时,两臂撑圆合抱,上体左转,剑尖斜向右上方,两肩要松沉,不可紧贴身体。

(九) 独立上刺

身体微向右转,面向前方,右脚稍向前上步踏实,左脚屈膝提起;同时,右手持剑向前上方刺出(手心向上),力贯剑尖,高与头平,左剑指附在右腕部;眼视剑尖(见图 7 - 21)。

图 7 - 21

要点:上步步幅不超过一脚长,上刺剑时,手与肩同高,两臂微屈。趁上刺之势,上体可微向前倾,不要耸肩、驼背。

(十) 虚步下截

左脚向左后方落步,右脚随即微向后收,脚尖点地,成右虚步;同时右手持剑随体转向左平摆,再随身体右转经体前向右、向下截按,剑尖略下垂,高与膝平,左剑指向左、向上绕举于头左上方(掌心斜向上);眼平视右前方(见图 7 - 22、图 7 - 23)。

图 7 – 22   图 7 – 23

要点：下截剑时，主要用转体挥臂来带剑向右下方截出，身、剑、手、脚要协调一致，剑身置于身体右侧。右虚步的方向左偏约 30 度，转头目视的方向是偏右约 45 度。

（十一）左弓步刺

（1）退步提剑：右脚向后退一步，重心右移，身体右转；同时，右手持剑向体前提起，高与胸平，剑尖指向左前方约 30 度，再经头前后抽，手心翻转向外，左剑指附于右腕随剑一起回撤；眼视剑尖（见图 7 – 24）。

（2）弓步平刺：身体左转，左脚收至右脚内侧（脚尖不点地），再向左前方迈出，脚跟着地，前移成左弓步；同时上体左转，右手持剑收于右腰间，再向左前方刺出，手心向上，力注剑尖，左剑指向下、向左、向上绕至左上方，手心斜向上，臂要撑圆；眼视剑尖（见图 7 – 25、图 7 – 26）。

图 7－24

图 7－25

图 7－26

要点:右手持剑向下卷收时,前臂外旋,使手心转向上;同时仍要控制住剑身,使剑尖指向将要刺出的方向。全过程要在转腰的带动下,圆活、连贯、自然完成。

（十二）转身斜带

（1）扣脚收剑:重心后移,左脚尖内扣,上体右转;同时右手持剑屈臂后收,横置胸前,手心向上,左剑指落于腕部;提脚转体,重心再移至左腿上;右脚提起,贴在左小腿内侧;剑向左前方伸送;眼视剑尖(见图 7－27)。

（2）弓步右带:身体右后转,右脚向右前方迈出,成右弓步;同时右手持剑内旋翻转,手心向下,向右平带(剑尖略高),力在剑刃,左剑指仍附于右腕部;眼视剑尖(见图 7 - 28)。

图 7 - 27　　　　　　　　　　　　图 7 - 28

要点:弓步的方向为中线偏右约 30 度,斜带是指剑的方向。

(十三)　缩身斜带

左脚提起后再向原位置落下,身体重心移向左腿,右脚随之收到左腿内侧,脚尖点地成丁步;同时,右手持剑向前微送,再右手翻转,手心向上,将剑向左平带(剑尖略高),力在剑刃,左剑指屈腕经左肋反插,向身后穿出,再向上、向前绕行划弧落于右腕部;眼视剑尖(见图 7 - 29)。

图 7 - 29

要点:收剑时上体挺直,稍向右转。上体略向前探,送剑方向与弓步方向相同。收脚带剑时,身体向左转,重心落于左腿;要保持上体挺直,松腰松胯,臀部不外凸。

（十四）提膝捧剑

（1）虚步分剑:右脚后退一步,重心后移,左脚微后撤,脚尖着地成虚步;同时两手向前伸送,再向两侧分开,手心都向下,剑斜置于体右侧,剑尖向前(见图7－30)。

（2）提膝捧剑:左脚略向前垫步,右膝向前提起,成独立步;同时右手持剑翻转向体前划弧摆送,左剑指变掌也摆向体前,捧托在右手背下面,两臂微屈,剑身直向前方,剑尖略高;眼视前方(见图7－31)。

图 7－30

图 7－31

要点:右脚退步要略偏向右后方,上体转向前方。两手向体前摆送要走弧线,先微向外,再向内,在胸前相合。捧剑时,两臂微屈,剑把与胸部同高。

（十五）跳步平刺

（1）捧剑前刺:右脚向前落下,重心前移,左脚离地;同时两手捧剑微向下、向后收至腹前,再两手捧剑向前伸刺(见图7－32、图7－33)。

（2）跳步分剑:右脚蹬地,左脚随即前跨一步踏实,右脚在左脚将落地时迅速向左小腿内侧收拢;同时两手分撒至身体两侧,手心都向下,左手变剑指(见图7－34)。

（3）弓步平刺：右脚向前上步，重心前移成右弓步；同时，右手持剑向前平刺（手心向上），左剑指绕举至额左上方，手心斜向上；眼视剑尖（见图 7－35）。

图 7－32

图 7－33

图 7－34

图 7－35

要点：向前跳步，动作轻灵、柔和。刺剑、分剑、再刺剑，动作连贯，上下肢配合协调一致。

（十六）左虚步撩

（1）收脚绕剑：重心后移，上体左转，右脚收至左脚前，脚尖点地；同时，右手持剑随转体向上、向后划弧，剑把落至左腰间，剑尖斜向上，左剑指落于右腕部（见图 7－36）。

（2）上步左撩：上体微右转，右脚向前垫步，脚尖外撇，上体继续右转，重心前移至右腿，左脚进步，成左虚步；同时，右手持剑随身体转动，立剑向下、向前撩出，手心向外，停于右额前，剑尖略低，左剑指仍附于右腕部；眼视剑尖（见图 7－37）。

图 7－36   图 7－37

要点：剑运行的路线，一要贴身，二要立圆，同时右前臂内旋，右手心转向外，虎口朝下，活握剑把，力达剑的前端。整个撩剑的动作要在身体左旋右转的带动下完成，要协调完整、连贯圆活，不要做成举剑拦架的动作。

（十七）右弓步撩

（1）转体绕剑：身体右转，同时右手持剑向后划圆回绕，剑身竖立在身体右侧，手心向外，左剑指随剑绕行收于右肩前（见图 7－38）。

（2）上步右撩：身体微左转，左脚向前垫步，脚尖外撇，右脚前进一步，重心前移成右弓步；同时右手持剑由下向前反手立剑撩出，手心向外，高与肩平，剑尖略平，左剑指经腹前再向上绕至额左上方，手心斜向上；眼视前方（见图 7－39）。

图 7－38 图 7－39

要点:持剑手要活握把,剑尖不要触地,整个动作要连贯圆活。

（十八）转身回抽

（1）转体收剑:身体左转,左腿屈膝,重心左移,右脚尖稍内扣;同时右臂屈肘将剑收到体前,与肩同高,剑身平直,剑尖向右,左剑指落于右腕上;眼视剑尖(见图 7－40)。

（2）弓步劈剑:身体继续左转,左脚尖外撇,右腿自然蹬直成左弓步;同时右手持剑向左下方劈下;眼视剑尖(见图 7－41)。

（3）虚步前指:重心移向右腿,右膝弯曲,上体稍向左转,左脚撤半步,成左虚步;同时右手持剑抽至右胯后,剑斜置于身体右侧,剑尖略低,左剑指随右手后收,后坐抽剑,再向前指出,高与眼齐;眼视剑指(见图 7－42)。

图 7－40 图 7－41

图 7－42

要点:剑指向前指出,左脚点地成虚步,上体向左回转,三者要协调一致。虚步的方向和剑指所指的方向为中线偏右约30度。下抽剑时,要立剑向下、向后走弧线抽回,下剑刃着力。

(十九) 并步平刺

左脚略向左移,身体左转,右脚向左脚并步;同时左剑指内旋并向左划弧,右手持剑外旋翻转,经腰间向前平刺,左剑指经腰间翻转变掌捧托于右手下,手心均向上;眼视前方(见图7－43)。

图 7－43

要点:刺剑和并步要协调一致,方向正中;刺剑后两臂要微屈,两肩要松沉。

（二十）　左弓步拦

（1）转体绕剑：右脚尖外撇，左脚跟外展，身体右转，两腿屈蹲；右手持剑，手心转朝外，随转体由前向上、向右绕转，左手变剑指附于右腕部，随右手绕转（见图 7 - 44）。

（2）上步拦剑：左脚向左前方上步，脚跟着地，身体左转，重心前移，成左弓步；右手持剑由右向下、向左前方拦架，力在剑刃，剑与头平，剑尖略低，右臂外旋，手心斜向内，同时左剑指向下、向左上绕举于额左上方；眼视剑尖（见图 7 - 45）。

图 7 - 44

图 7 - 45

要点：绕剑时以剑把领先，转腰挥臂，剑贴近身体做立圆。拦剑是反手用剑下刃由下向上方拦架，力在剑刃。拦剑时，剑要在体右侧随身体右旋左转，贴身绕一周立圆，右手位于左额前方，剑尖位于中线附近。

（二十一）　右弓步拦

重心略后移，左脚尖外撇，身体先微左转再右转，右脚经左脚内侧向右前方迈出一步，成右弓步；同时右手持剑在身体左侧划一整圆，向右前托起拦出，手心向外，高与头平，剑尖略低，剑身斜向内，左剑指附于右腕部；眼视前方（见图 7 - 46、图 7 - 47）。

图 7 - 46   图 7 - 47

要点:与左弓步拦相同,只是左右相反,弓步方向为中线偏右约 30 度,眼随剑移动。

(二十二) 左弓步拦

重心略后移,右脚尖外撇,其余动作与右弓步拦相同,惟左右相反。右手剑拦出时,右臂外旋,手心斜向内(见图 7 - 48)。

图 7 - 48

要点:参考右弓步拦。

(二十三) 进步反刺

(1) 转体后刺:右脚向前上步,脚尖外撇,上体微后转;同时,右手向下屈腕收剑,剑把落在胸前,剑尖转向下,左剑指也落在右腕部;身体继续右转，两腿交叉屈膝半蹲，左脚跟离地，成半坐盘姿势；右手持剑向后立剑平刺；手心向前（起势方向），左剑指向前指出，手心向下，两臂伸平；眼视剑尖（见图 7 – 49）。

（2）弓步反刺：剑尖上挑，上体左转，左脚前进一步成左弓步；同时右臂屈收，经头侧向前反手立剑刺出，手心向外，与头同高，剑尖略低，左剑指收于右腕部；眼视剑尖（见图 7 – 50、图 7 – 51）。

图 7 – 49

图 7 – 50

图 7 – 51

要点：反刺剑时，右臂、肘、腕皆先屈后伸，使剑由后向前刺出，力达剑尖。右手位于头前稍偏右，剑尖位于中线，与面部同高。松腰松胯，上体挺直，不可做成侧弓步。

（二十四）反身回劈

右腿屈膝，左脚尖内扣，上体右转，重心再移至左腿，右脚提起收至左小腿内侧，向右前方迈步，重心前移成右弓步；同时右手持剑上举，随转体向右前方劈下，左剑指下落至腹，再向上绕至额左上方，手心斜向上；眼视剑尖（见图7-52）。

图 7-52

要点：左脚尖要尽量内扣，右脚提收后不要做成独立步。剑要劈平，剑身与臂成一条线，力在剑尖中段。劈剑和弓步要协调一致，同时完成。

（二十五）虚步点剑

上体左转，左脚提起向起势方向上步，脚尖外撇，随即右脚上步落在左脚前，脚尖点地，成右虚步；同时右臂外旋，划弧上举向前下方点出，展臂提腕，力注剑尖，左剑指下落经体左侧向上绕行，在体前与右手相合，附于腕部；眼视剑尖（见图7-53）。

图 7 - 53

要点:举剑时,右手略高于头,剑身斜向后下方,剑刃不要触身。虚步和点剑的方向与起势方向相同。点剑时要活握剑把,腕部上提,且右臂先向下沉落,再伸臂提腕,高与肩平;点剑与右脚落地协调一致,同时完成;身体保持挺直。

(二十六) 独立平托

右脚向左脚后插步,脚前掌着地,两腿屈膝半蹲,以两脚掌为轴,向右转至面向正西,随之左膝提起成右独立步;同时右手持剑在体前由右向下、向左绕环,绕经体前向上托架,剑身平,稍高于头,左剑指附于右腕,随右手环绕;眼视前方(见图 7 - 54、图 7 - 55)。

图 7 - 54   图 7 - 55

要点:绕剑要与向左插步同时进行;上体保持挺直,并微向左转。托剑是剑下刃着力,剑由下向上托架。平托剑时,右手要活把握剑,手心向外,举于头侧上方;剑身放平,剑尖朝前。

(二十七) 弓步挂劈

(1) 转体挂剑:左脚向前横落,身体左转,两腿交叉成半坐盘势,右腿跟离地;同时右手持剑经体左侧向后挂,剑尖向后;左剑指附于右腕部(见图 7 - 56)。

(2) 弓步劈剑:身体右转,右脚前进一步,重心前移成右弓步;同时,右手持剑翻腕上举向前劈下,剑身要平,与肩同高;左剑指经左右后方绕至头左上方;眼视前方(见图 7 - 57)。

图 7 - 56　　　　　　　　　图 7 - 57

要点:挂剑时,腕部先屈,使剑尖转向下,转体后,右臂向下、向后摆动,虎口向后,剑尖领先,剑身贴近身体左侧向后挂,剑的运行路线成立圆。视线随剑移动。

(二十八) 虚步抢劈

(1) 转体抢剑:身体右转,右脚尖外撇,右腿屈弓,左脚跟离地成叉步;同时右手持剑经右向下、向后反抢摆,左剑指落于右肩前,手心向下;眼视剑尖(见图 7 - 58)。

（2）虚步劈剑：身体左转，左脚向前上步，脚尖外撇，右脚上步，脚尖着地成右虚步；同时右手持剑翻劈抢举至头侧上方，再向前下抢劈，剑尖与膝同高，剑与右臂成一条斜线，左剑指落经腹前翻转划弧侧举向上划圆，再落于右前臂内侧；眼视前下方（见图7－59）。

图7－58　　　　　　　　　　　　图7－59

要点：抢劈剑时，剑先沿身体右侧抢绕一个立圆，再顺势向前下劈剑，力点仍为剑刃中部，下劈剑时剑身与右臂保持一条直线，不要做成点剑。整个动作完整连贯。

（二十九）撤步反击

上体右转，右脚提起向右方撤一步，随之重心右移，左脚跟外展，左腿自然蹬直成右侧弓步（横挡步）；同时右臂外旋，手心斜向上，同左剑指一起略向回收，再向后上方反击，力在剑刃前端，剑尖斜向上，高与头平，左剑指向左下方分开，高与腰平，手心向下；眼视剑尖（见图7－60）。

图7－60

要点:撤步时,右脚掌先向后撤,再蹬左腿。反击时,要在向右转体的带动下,将剑向右上方击打,右臂、肘、腕先屈后伸,力达剑前端。分手、弓腿、转体动作要协调一致。

(三十) 进步反刺

(1) 提脚横剑:身体先微向左转,再向后转,左脚提起收于右小腿内侧;同时右手持剑先向左摆,再翻掌向右领带,将剑横置于右胸前,剑尖向左,左剑指向上绕经面前落在右肩前,手心向下(见图7－61)。

(2) 弓步平刺:身体左转,左脚向前落步,脚尖外撇,右脚上步,重心前移成右弓步;同时右手持剑向下卷裹,收于腰侧,再向前刺出,高与胸平,手心向上,左剑指经体前顺左肋反插,向后再向左上绕至头侧上方;眼视剑尖(如图7－62)。

图 7－61　　　　　　　　　　　图 7－62

要点:以腰带臂,以臂带剑,剑走平弧;剑卷落时,右臂外旋,手心转向上,剑尖指向正前方。剑刺时转腰顺肩,上体挺直,剑与右臂成直线。刺剑、弓腿和剑指动作要协调一致。

(三十一) 丁步回抽

重心后移,右脚撤至左脚内侧,脚尖点地成右丁步;同时,右手持剑屈肘回抽,手心向内,置于左腹旁,剑身侧立,剑尖斜向上,左剑指落于剑把之上;眼视剑尖(见图 7 - 63)。

图 7 - 63

要点:抽剑时,右手先外旋,将剑把略向上提,随即向后,向下收至腹旁,剑走弧线抽回。

(三十二) 旋转平抹

(1) 摆步横剑:右脚向前落步,脚尖外摆,上体稍右转;同时右手翻掌向下,剑身横置胸前;左剑指附于右腕部(见图 7 - 64)。

(2) 扣步抹剑:上体继续右转,左脚向右脚前扣步,两脚尖相对成八字形;同时右手持剑随转体由左向右平抹,剑指仍附于右腕部(见图 7 - 65)。

(3) 虚步分剑:以左脚掌为轴向后转身,右脚随转体后撤一步,重心后移,左脚脚尖点地成左虚步;右手持剑在转体撤步时继续平抹,左剑指仍附于右腕部;在变虚步时,两手左右分开,置于胯旁,手心都向下,剑身斜置于身体右侧,剑尖位于体前;身体转向起势方向;眼视前方(见图 7 - 66)。

图 7 - 64　　　　　　　　　　　图 7 - 65

图 7 - 66

要点：身体向右旋转近一周，转身要求平稳连贯、速度均匀，上体保持挺直。摆步和扣步的脚都应落在中线附近，步幅不超过肩宽。特别是扣步时，不可扫腿远落，也不要跨越中线过多，致使收势回不到原位。撤步要借身体向右旋转之势，以左脚掌先着地，摆步时脚跟先着地，扣步时脚掌先着地，撤步也是右脚掌先着地。

（三十三）弓步直刺

左脚提起向前落步，重心前移成左弓步；同时右手持剑收经腰间，立剑向前刺出，高与胸平；左剑指附在右腕部；眼视前方（见图 7 - 67）。

图 7 - 67

要点:左脚提起收至右脚内侧后再向前迈出。左剑指先收至腰间,再附于右腕一齐将剑刺出。

(三十四) 收势

(1) 后坐接剑:重心后移,上体右转;同时右手持剑屈臂后引至右侧,手心向内,左剑指随右手屈臂回收,并变掌附于剑柄,准备接剑;眼视剑柄(见图 7 - 68)。

(2) 跟步收势:身体左转,重心前移,右脚向前跟步,与左脚平行成开立步;同时左手接剑上举,经体前垂落于身体左侧,右手变成剑指向下、向后划弧上举,再向前、向下落于身体右侧;眼视前方。还原成预备姿势(见图 7 - 69、图 7 - 70)。

图 7 - 68

图 7 - 69

图 7－70

要点：接剑时，左掌心向外，拇指向下，与右手相对；两肘与肩同高，两肩注意松沉。换握剑后，左手持剑划弧下落与重心前移要协调一致，右剑指划弧下落与右脚跟进半步要协调一致。

（请关注上海中医药大学体育部网站，欣赏三十二式太极剑全套演示，网址：https://tyb.shutcm.edu.cn/2023/0826/c3467a154720/page.htm）

参 考 文 献

[1] 吴志坤,邵玉萍.传统体育[M].北京:中国中医药出版社,2021.

[2] 郑勤,赵永刚.大家都来练太极拳:太极拳入门初步[M].北京:人民体育出版社,2012.

[3] 康戈武.全面梳理太极拳发展脉络[J].中华武术,2001(3):5-9.

[4] 林卫.太极论:为了生命的和谐[M].长沙:湖南科学技术出版社,2005.

[5] 汪占冕,汪达,汪丹.柏寿太极养生道[M].太原:山西科学技术出版社,2011.

[6] 王雪芹.太极拳的生理医学效应研究进展[J].中国体育科技,2011,47(4):113-120.

[7] 王伯利,王岗.太极拳文化特质与演变历程研究[J].南京体育学院学报,2014,28(6):23-28.

[8] 梁东梅,唐文清,骆聪,等.太极拳锻炼促进老年人认知功能的研究综述[J].体育学刊,2014,21(4):61-65.

[9] 闫民.身体观视域下太极拳的哲学意蕴[J].体育科学,2015,35(2):90-95.

[10] 吕晓标,卫志强,张楠楠.太极拳对中老年人心理健康状况影响的实验研究[J].中国体育科技,2006,42(5):112-115.

[11] 孙永武.太极拳[M].福州:福建科学技术出版社,2008.

[12] 虞定海.中国传统保健体育与养生[M].上海:上海科学技术出版社,2001.

[13] 曾乃梁,曾卫红.太极拳入门三篇[M].北京:人民体育出版社,2014.

[14] 吕云龙.当代高校太极拳文化的价值与传播研究[M].北京:九州出版社,2016.

[15] 吕韶均.太极八法五步[M].北京:北京体育大学出版社,2018.

[16] 许峰.问答求真气以臻道[M].上海:上海科学技术出版社,2021.